JN409190

문학사랑 시인선
057

참 아름다운 사람

김영우 시집

없는 집에 시집와서 無에서 富를 이루었으며
팔십 평생을 나의 그림자가 되어
아들 넷을 훌륭히 키웠고, 오늘의 나를 만들어 놓았다.
인생의 끝자락에서도 나의 손발이 되어 불편한 몸일지라도
이 글을 쓸 수 있는 원동력이 되고 있다.

둘째 아들과의 캄보디아 여행 1

둘째 아들과의 캄보디아 여행 2

둘째 아들과의 캄보디아 여행 3

둘째 아들과의 캄보디아 여행 4

둘째 아들과의 캄보디아 여행 5

둘째 아들과의 캄보디아 여행 6

장남, 막내 아들과 장가계 여행 1

장남, 막내 아들과 장가계 여행 2

장남, 막내 아들과 장가계 여행 3

수상가옥

항상 함께 하는 여행

산사의 여유

순천만 국가공원

수십 번 올랐던 시루봉

인생도 풍차처럼 돌고 돌아

항상 함께 해준 참 좋은 사람

부산 장산

간절곶

불광산과 이어진 시명산

참 푸근한 태백산

태백산 문수봉

공주 황새바위 성지

여수 향일암에서

높은만큼 사연도 많을 것

대한민국에서 가장 높은 추전역

황새바위 성지

님들의 뜻을 항상 가슴에 새기며

어머니의 사랑으로

황새바위 내 경당

장남과 바람의 언덕에서

뿌리공원 경주김씨비

장남

가족과 함께하는 가장 큰 기쁨

장승공원에서 가족과 함께

주왕산에서 네 아들과 함께
(사진 찍는 장남)

눈처럼 깨끗한 마음으로

덕유산 향적봉

추석에 모두 모여

차례도 함께 지내고

손주 은지의 재주에 함께 웃다

항상 사랑하는 마음으로

아내의 십자수

성당에서 전시회를 갖다

부여 궁남지에서

아들 내외와 함께

나와 장남, 장손 삼대

셋째 아들 내외

셋째 아들의 딸들, 은아, 은영이

큰아들 가족과 가평 여행

장손 면회가서

궁남지 연꽃축제 여행

둘째 아들 장남 졸업식(미국)

여름휴가

가족과 즐거운 시간

은수, 은주, 은지

순주들 요한, 율리따, 아녜스

강원도 여행

백제문화단지 삼대

문학회 시상식

문학회 송년의 밤

시상식에서

출판기념회

출판기념회 단체사진

문학사랑시인선 57

참 아름다운 사람

●

김영우 시집

●

오늘의문학사

국립중앙도서관 출판시도서목록(CIP)

참 아름다운 사람 : 김영우 시집 / 지은이: 김영우. -- 대전
: 오늘의문학사, 2017
p. ; cm. -- (문학사랑 시인선 ; 057)

ISBN 978-89-5669-868-7 03810 : ₩15000

한국 현대시[韓國現代詩]

811.7-KDC6
895.715-DDC23 CIP2017030385

참 아름다운 사람

■ 저자의 말

말하기는 쉬워도 그대로 살아가기는 어렵다. 그러나 천성을 이어간다면 흘러가는 물과 같이 그대로 살아갈 수 있다. 욕심을 버리고 나누고 싶은 마음을 가진 자는 누구에게나 주어야 속이 시원하다.

평생을 같이 살아온 나의 아내 젬마는 오늘도 내가 타고 다니던 자전거를 친구에게 주었다.

어제는 집에 있는 묵은 쌀 이십 키로를 칠만 오천 원을 주고 떡을 만들어 이웃에게 나누어주었다. 또 고급 양주 한 병도 아낌없이 내어준다.

없는 집에 시집와서 무無에서 부富를 이루었으며 팔십 평생을 나의 그림자가 되어 아들 넷을 훌륭히 키웠고, 오늘의 나를 만들어 놓았다. 인생의 끝자락에서도 나의 손발이 되어 불편한 몸일지라도 이 글을 쓸 수 있는 원동력이 되고 있다. 폐암 수술로 인하여 결국 오른쪽 팔이 마비되어 전혀 손을 못 쓰고 왼손으로 타자를 찍고 시상을 남기는 것만으로도 고맙게 생각한다.

졸작이나마 세 권의 시집을 발간한 것과 수필집 한 권을 발표한 것은 자식을 선생으로 여겼기 때문이며 아내의 꾸준한 도움 없이는 이룰 수가 없었을 것이다.

삶의 마지막을 정리하면서 지나온 발자취를 되돌아본다.

더 이상 자전거를 탈 수 없는 몸이 되듯이 시인이 글을 쓸 수 없는 여정을 나의 한계라 생각하고 그간에 살아온 나날들을 정리하여 네 번째 시집을 출판한다.

2017년 11월에 포항, 나의 서재에서

‖ **차례** ‖

제2부 부산 추모공원

제3부 추억을 되새기며

제4부 운재산 발자취

제5부 가야 할 길

제6부 백전의 추억

제1부 십자수 당신

해와 달이 기도하고
밤과 낮이 추모하는 공원
천상 성인들과 친교를 나누며
먼저 떠난 운명소리에 여운을 남기고
이 목숨 다하도록 찬미와 영광을 드립니다.

합평회

사백 년 넘은 상수리나무가
다람쥐와 이별하고
잎새만 무성 하다.

시가 된 옥천가든 뿌리 깊은 나무
창작시 낭송소리
바람이 향기롭다.

호수에 비친 문학사랑 그림자
시 한 편으로 친교를 나누며
님 따라 꽃길 걷는다.

2017년 5월 25일. 옥천 레스토랑 '뿌리 깊은 나무'에서.

불편한 것

어둔한 모습에 짜증이 난다.
사시나무 같은 오른팔이 애처롭다.
몸도 무거워오고 배도 불러온다.
운동량이 짧아지고 피곤함도 쌓인다.

미풍에 살랑거리는 사시나무의 잎새는
자연과 손잡고 춤을 추지만
힘 빠진 오른팔은 서리 맞은 배추 잎 같다.

지난 몇 년 동안
척추수술, 폐암수술, 감마나이프, 임플란트, 백내장 수술…
병원과 친분을 맺어 병고와 싸워왔다.
투병 생활 속에서 글을 쓰고 산행을 하고
성숙한 신앙생활을 게을리 하지 않았다.

불편을 벗 삼아 여생을 보내야하는
운명이 과연 하느님의 뜻일까
팔순의 언덕 위에 어떠한 집을 지을지
설계도 앞에서 잠시 침묵에 잠긴다.

2017년 5월 15일. 대전 엑스포 아파트 거실에서.

어느 시인의 집

주렁주렁 달린 홍시가
시인의 시를 읊고 있다.
까치도 참새들도 홍시를 찾는다.

산골짝 외딴집 긴 굴뚝의 연기가 정겹다.
앙상한 나목들도 겨울바람을 노래하고
개천의 물소리도 외로움을 노래한다.
홀로 사는 시인의 첫 인사 말에
서산 노을은 홍시가 되어 떨어진다.

선농일지禪農日誌
후동선집後童選集
한 권을 팔아달라고 청한다.

고요한 산천을 벗 삼아
시인은 별을 보고 밤을 즐긴다.
시집 한권을 팔아 소주 한 잔 마시고
참선參禪을 추구하며 선시禪詩를 쓰는 후동 시인
감나무 밑에서 입만 벌리고 있으면 무얼 하나?

* 2016년 1월 3일. 경북 포항시 남구 운제산 시루봉 산골짝 외딴집

친구와 술

오늘도 술 '한잔 하자'고 부른다.
기회만 나면 불러내는 친구
정월 대보름날 귀밝이술
'한잔 하자'고 부르는 친구가 있다.

술만 보면 생각나고
먹을 것만 있으면 불러대는 친구
술잔에 정을 담고 추억을 안주삼아
술잔을 잘 기울이는 친구가 있다.

물 흐르듯 술잔이 넘치는 나날들
세월을 멈추고 기쁨을 나누는 친구
'건강의 척도는 술뿐인가 하노라'며
'황혼길 함께 걷자'고 술잔을 권한다.

주님과 함께 주님을 모시는 친구
술은 역사를 만들고 술은 친구 간에
노래가 되고 시가 되어
해운대 백사장에 동백꽃을 피운다.

달맞이 고개 보름달은 보지 못해도
술잔에 둥근달은 가슴마다 밝아 오고
술이 떨어질지 이 밤이 낙조를 이룰지
별처럼 얽힌 사연 추억을 남긴다.

* 2016년 2월 22일. 丙申年, 정월 대보름날에

외식 1번가

먹는 기쁨
함께 나누는 즐거움
뜻과 생각이 같은 사람끼리 앉아서
음식을 먹는 기쁨은 축복입니다.

숯불갈비 전문점
소중한 사람과 함께 즐길 수 있는 외식 공간
가족외식 각종 모임,
해운대 외식 1번가를 찾았다.

모처럼 함께 나누고 싶었던
우동 다미아노 형제회 회장님과 영모님,
그리고 자매님과 함께 외식 1번가로 모셨다.

점심시간에는 줄지어 서서 한참 기다리기도 하고
어느 때는 이삼십 번 번호를 받고 대기하는데
우리는 오후 다섯 시에 예약되어 있어서
조용히 즐길 수 있었다.

식구들과 여러 번 갔었으나
갈 때마다 즐겁고 흡족했다.

비싼 한우보다 가격도 저렴하고 맛도 좋았다.
숯불갈비, 역시 입맛이 당긴다,
돌아서면 또 가고픈 고기 집,
쇠고기 냄새가 코를 찌르는 외식 1번가에
추억이 쌓인다.

* 2016년 5월 10일.

비 내리는 해운대

창밖에
비가 내린다.
높고 낮음도 없이
하늘은 비를 내린다.

인간은
편협 때문에
갈등과 욕심이 난무하는데
하늘은 공평하게
골고루 나누어 준다.

해운대
신시가지 빌딩은
하늘 높은 줄 모르고 치솟는데
하늘은 말없이
안개로 답을 준다.

욕심을 뒤덮은 곳에
비가 내려
내 마음도 비에 씻겨

동백꽃 향기가 빗방울처럼
내 가슴에 고인다.

* 2016년 6월 25일. 해운대 롯데마린캐슬 20층 서실에서

십자수 당신

안경 너머로
성모님과 눈을 맞추며
한 코 한 땀을 메우는 당신
허리가 굽어질까 걱정입니다.

막내아들을 먼저 보내고
마음 붙일 데가 없어 방황할 때
당신의 마음은 너무나 불안했나 봅니다.

먼 산을 바라보고 멍청하기도 하고
십자가 앞에 앉아
두 손 모아 기도를 올려도
흔들리는 가슴은 달랠 길 없었나 봅니다.

칠십삼 세 노인의 마음에 무엇이 위로가 될까?
캄보디아 앙코르와트
아이들에게 가진 것 나누어 주던 기쁨,
위안을 삼아
묵주기도 9일 기도 바칩니다.

그래도 미련이 남아, 십자수 당신은
노을 진 인생길 남은 여백을
십자수 한 코 한 땀으로 기도합니다.

성모상 십자수가 완성되면
당신은 우리 집의 성모님과 함께
영원히 은총 속에 행복하실 것입니다.

* 2016년 6월 25일.

노인 대학

예전엔 없었던 노인대학
지금은 어디서나 볼 수 있는 학교다.
학교는 학생이 있어야 하고
학생은 선생의 가르침을 따라야 한다.

유치원생이나 하는 춤을
쑥스럽게 추려니
어색하기 짝이 없다.

손뼉을 치고 너털웃음을 웃고
그림을 그리고 노래를 부르고
새삼 그 옛날로 돌아가야만 하는지.

지식을 배우는 것이 아니라
지혜를 쌓는 것이 노인 대학의
목적이라 생각하고
고집도 욕심도 다 버리고
존경받는 노인 학생이 되어야겠다.

* 2016년 6월 30일.

시화전

홍시가
늘어진 가지에
달려있다.

주렁주렁 향기를 피우고
발길을 멈추게 하는
자연의 소리가
눈길을 끈다.

대전역 지하도에
하늘이 있고
들꽃이 피어있고
새들이 노래하는

신비스런 은유가
홍시처럼 달콤하다.

* 2016년 7월 7일. 대전도시철도 대전역에서

입대하던 날

오십 여 년 전 내가 입대했던
논산 훈련소

산천이 여러 번 바뀌면서
자식들도 다녀왔고, 오늘은
나의 장손이 입소했다.

파란 미소 띤 나무들이 새롭다.
그때 그 시절
배고팠던 세월 속에서
훈련이 고생스러웠던 것보다
px에서 비과를 사 먹던
사병들이 더 부러웠다.

배급 받은 담배를 모아
겨우 비과를 바꿔 먹던
추억이 쌓인 과자
역사의 시계를 되돌려 본다.

머리 빡빡 깎은 입소자들
어제와 오늘이 다를 바 없다.
나라를 지키는 충정

그 눈빛에서
통일과 번영을 희망하며
복무를 잘 마치고
건강한 몸으로 돌아오기를 빈다.

* 2016년 7월 18일. 장손 입소

나의 천사

연약한 모습 싫어하는 당신의 눈앞에서
굳세고 강한 의지로 눈물을 감춥니다.

자꾸만 약해지는 이 몸
병고에 시달리는 남편 뒷바라지에
온 정신을 바치는 당신은 하늘의 천사입니다.

자랑스러운 내 남편 집안의 기둥, 나는
누구보다도 앞서야 직성이 풀리는 성격
산행을 해도 앞서가야 했고
사업을 해도 남보다 뒤지지 않은 인내

세상에서 가장 존경스러운 우리 아버지라며
식구들은 항상 행복했습니다.
항상 아버지를 중심으로 생활하는 식구들은
성 가정 속에서 사랑의 향기가 피어났습니다.

장남 성현은 말벗이 되고
원장 요한은
산행 길에 머리를 숙여 신발 끈은 매어주며
건강을 위하여 온 정신 다 쓰고

먹거리 좋은 것 다 찾아 먹이는 애틋한 효성
셋째가 막내 노릇을 하는 다정한 오 부자,
넷째는 하늘나라로 먼저 불림을 받았습니다.

이 모든 행복을 창작하신 성모님을 찬양하며,
당신에게 감사하는 5월입니다.

* 2017년 5월 31일. 장미꽃 한 다발을 바칩니다

나의 하루

사는 것이 무엇인지
아무 도움도 없이
당신께 신세만 남긴다.

무더위는 기성을 부리는데
한줄기 비 소식은 가슴만 태우고
내 남은 인생은 불볕에 스며든다.

화려했던 지난날들
조금만 더 잘 했더라면
미련이라도 남았을 것을

얼마 남지 않은 여생에
어찌해야 보답이 될는지
살수록 지낼수록 걱정만 쌓인다.

* 2017년 6월 24일. 포항에서

탄생일

세상은 변해도
세월에 꽃은 피고 지고
은지는 이 세상에 태어났다.

하느님의 선물이가
조상님의 은혜인가
향기로운 꽃 귀여운 손녀
지혜롭고 슬기로운 우리들의 아네스

어느새 의젓한 여고생
단정한 교복에 몸매 고운 머리
갑천 둑길, 할부지 자전거에 실려
즐기던 아이시절 눈앞에 선하다.

* 2017년 6월 25일.

원 플러스 원

술잔에 넘치는 세상 모습
일거양득의 원천은 나눔이라고
막걸리 한 병 사는데 두 병을 준다.

야박한 가뭄에 시드는 세월
홍수 피해 막을 준비하기도 전에
막걸리 인정은 너도나도 부른다.

당연히 한 세상 지내면서
두 배로 베풀고 살아간다면
원 플러스 원의 사랑에 취하리.

* 2017년 7월 1일. 포항에서

장맛비

오지 않는 손님
기다려도 비는 내리지 않는다.

마음에 눈이 있고 생각이 있는지
하늘에 눈물은
국지성에만 꽃을 피운다.

폭우로 푸대접 받는 것보다
눈물 감춘 호우로 골고루 내렸으면,

기우제를 드리지 않아서인지
시민들의 정성이 부족함인지

장마철은 다 지나가는데
푸른 잎새는 빨갛게 물들어 간다.

* 2017년 7월 8일. 포항에서

밥풀이

순종하는 너의 모습
사랑으로 덮인 흰 털
부드러운 촉감으로 정을 나눈다.

밥상 위에 소복이 담긴 흰 쌀밥
밥상 밑에
천상의 인연으로 말아 앉은 밥풀이
오늘도 밥상 위아래 눈을 맞춘다.

가장 사랑하는 아네스
세상은 변하고 세월은 흘러가도
그 이름 한편의 시,
영원히 남으리.

* 2017년 7월 12일. 초복 날

요지경

살맛나는 이 세상
어디가 끝이고 어디가 시작인지.

하늘만 쳐다보고 자라는 초목들
요지경 침묵으로 웃음꽃이 피었다.

대로에 자동차는 줄지어 달리고
하늘에 먹구름은 꿈속에 잠들었다.

아파트 16층 서실에서 글을 쓰며
내려다보는 내가 빗방울이면 좋겠다.

* 2017년 7월 23일. 포항에서

정情

가뭄으로 시들어가는 삶의 꽃밭에
시인이 찾아와 물을 주고 가시네.

사노라면 연민의 정이 희망을 주고
시상을 남기려 정에 끌려 살리.

태양 열 먹물 삼아 쓰고 싶은 글
발걸음 자국마다 창작 시 넘치네.

정은 인연으로 마음에 쌓이고
시인은 시인으로 낙엽이 되리.

* 2017년 7월 26일 수요일. 대전

산책

비온 뒤 산책을 한다.
영롱한 빗방울
오솔길 솔바람 마음을 적시네.

조용한 기도
침묵하는 소나무
떠오르는 태양을 맞이한다.

아침공기
자연의 섭리를 마시고
풀잎 하나하나에 정을 나눈다.

* 2017년 7월 28일. 포항

달빛

달빛과 마주앉아
별들을 헤아리며 글을 쓴다.
수많은 시인이 저 달을 보고
얼마나 마음의 향기를 피웠을까?

연인들은 사랑을 속삭이며
오색 무지개다리를 놓으면
추억에 잠 못 이루는 밤
오작교를 건너는 꿈을 꾸리라.

모아놓은 창작 시 챙겨
네 번째 시집을 발간하면서
초생달, 나의 일생 돌아보고
달빛이 지기 전에 꽃을 피울까?.

* 2017년 8월 5일. 포항 삼도뷰엔빌 서실에서

불빛 랩소디

열정으로 살아온 길이었다.
낙엽도 있었고
어둠도 있었으나
송죽처럼 늘 푸르고 싶었다.

불빛이 반짝인다.
창공에는 별빛
지상에는 호롱불
어둠 밝히는 등대 불빛

지등 들고 마중 나가
오시는 길 밝혀 드리리라.
가시는 걸음마다
마음의 비단길로 배웅하리라.

* 2017년 8월 11일. 포항의 밤

횟집

추억을 부르는 집
'기장회센터' 아주머니
보기만 해도 정겹다.

부지런한 솜씨
깨끗한 칼 놀림에
붕장어는
눈송이처럼 입맛을 당긴다.

몇 번을 찾아 가도
회 꺼리는 여전이 다양하고
입맛에 맞춰 그림을 그린다.

오늘이나 내일쯤
아들과 마주 앉아
술잔에 정을 담으리라.

* 2017년 8월 20일. 기장회센터

가을

또록 또록 또르르르
아가씨의 발걸음 소리처럼
반가운 귀뚜라미소리

기차역 출구
수제도시락 코너
여행객 가을 김밥도 발길을 잡는다.

철로 옆 단풍은 세월을 흔드는데
저 고운 옷차림
추억이 머문 자리도 살갑다.

* 2017년 9월 9일. 서울 역 공간에서

나의 손주

꽃보다 더 아름다운
향기가 있다면 무어라 말할까.

국방을 지키는 늠름한 군인으로
내 가정의 대들보인
은수를 비롯한 일곱 손주들이
장미꽃 열정으로 족보를 이어간다.

육체미를 운동으로 다듬은 장미꽃보다
더 이쁜 우리 은주,
전 세계를 이끌어가는
미국에서 두각을 나타낼 우리 채연이,
목단보다 더 엄숙한
우리 은아의 아름다움,
디자인으로
전 세계의 패션을 새롭게 할 우리 은지,
여성다운 쾌활한 모습으로 자라난
우리 은영이,
우방국가의 대표자로 곱게
자랑스런 우리 손자 호연이,
자손들이 가정의 평화를 이루어 간다.

가을의 결실을 바라보며
선조들의 노고에 깊이 감사를 드린다.

부모님의 뜻에 따라 하느님의 선물인
피의 인연으로 엮어주신 우리 김씨 가문은
영원이 발전해 나갈 것이다.

한세상 금잔디 위에 낙원을 이루고
하늘나라 에덴동산에서 함께 모여
가문의 역사를 바다 위로 올려
대대손손 물려주며 자랑으로 삼으리라.

* 2017년 9월 어느 날.

청소기를 돌리며

진공청소기
구석구석 쓸어 내며
요란하게 소리를 낸다.

삶의 자리에 쌓인 먼지
욕심과 미련을
깨끗이 닦아 낸다.

구름처럼 흘러간
당신의 세월
요란한 소리에 연민을 느낀다.

잔소리로 들리던
지난 나날들,
마음을 비우니 노랫소리 들린다.

* 2016년 8월 5일.

제2부

부산 추모공원

해와 달이 기도하고
밤과 낮이 추모하는 공원
천상 성인들과 친교를 나누며
먼저 떠난 운명소리에 여운을 남기고
이 목숨 다하도록 찬미와 영광을 드립니다.

생명生命

팔십 상노인으로 드는 길에
마비가 전신을 덮는다.
하느님의 심판인지
충대병원 삼성병원
응급실 한 켠에서
생명을 다시 찾았다.

사시나무 떨 듯 오른팔은 쓸모없이 되었다.
펜을 들 수도,
글을 쓸 수도,
단추를 끼울 수도….

몸이 안 되면 정신으로 사는 거지.
내 나이 팔십에
왼손으로 다시 시를 쓰고
어설픈 발자취를 남긴다.

2017년 5월 12일. 포항 삼도 뷰엔빌 서실에서

소천召天

— 아들 성민(펠릭스) 영전에

이 세상이
그렇게도 지겨웠는지
미련도 없이 마흔넷 나이에
훌훌 떠난 야속함이여!

불러도 대답 없고
찾아보아도 보이지 않는 너의 모습,
꿈이면 좋으련만.

어디서
엄마하고 부르는 소리
들릴 것만 같은 지금
현실을 외면하는 착각 속에
너의 모습만 맴돈다.

무슨 죄를 그렇게 지었기에
내 가슴에 못을 박고
떠난단 말인가.
이것이 하느님의 뜻이란 말인가.
이 큰 십자가를 지고
어떻게 살란 말인가.

아무리 생각하고
이해한다 해도
마음이 너무 아프다.

자식을 먼저 보낸 부모의 마음
장미꽃 왕관을 쓴 성모님의 마음일까?

2015년 11월 26일.

부산추모공원

비가 오나 눈이 오나 꽃은 피고지고
이 땅과 저 별들이 한데 어울려
영원한 빛과 영원한 이름을 주신 분께
찬미와 감사를 드리는 추모공원
한 송이 국화꽃을 영전에 바칩니다.

해와 달이 기도하고
밤과 낮이 추모하는 공원
천상 성인들과 친교를 나누며
먼저 떠난 운명소리에 여운을 남기고
이 목숨 다하도록 찬미와 영광을 드립니다.

산과 언덕이 영혼을 노래하고
빛과 어두움이 함께하는 기도소리
속세의 허무함을 속량하는
거룩한 기도와 추모의 신심을 꽃피우는 공원
부산 추모공원은 자연으로 돌아가라 합니다.

허상 앞에서 천상기쁨을 맞이하며
엄마를 부르고 아빠를 부르고
딸 이름을 부르며

아들사진을 쓰다듬는 어미의 심정
님을 그리며 가슴을 치는 여인.
쌀쌀한 봄바람이
침묵하는 영전에서.

공원은 자연과 함께 자연인이 되라 합니다.

2016년 2월 21일.

축시

—백수白壽를 축하합니다

멈추지 않은 세월 따라
발자취를 남기신 임이여!
눈이 오나 비가 오나 끊임없이 기록한
임의 일기장을 오늘 펼쳐봅니다.
이른 매화꽃이 피어나는 봄이면
당신은 세월의 파도를 타고
하느님의 사랑을 노래하며
세상을 창조하신
하느님의 은혜를 찬미합니다.
친구들과 친지들, 그리고 은인들에게
그리스도의 아름다운 향기를
피우신 임이시여,
전민동 본당에 주춧돌을 놓으셨죠.
"네 이웃을 내 몸같이 사랑하라."
하신 하느님 말씀을
평생 실천하며 살아오신 당신은
가장 하느님을 닮은 사람이 되어
전민동 공동체의 증인이 되셨습니다.
하나하나 놓치지 않고
추억을 엮은 일기장
오늘도 내일도 이어 가면서

채워도 채워지지 않은 삶의 여정에
당신의 성스러운 삶을 되새겨 보며
우리가 걸어가야 할 좌표를 정합니다.
장미꽃 곱게 피는 성모성월에
묵주 알 굴리며 생의 여백을
기도로 채우시는
성스런 임의 뒤를 우리도 따르렵니다.
백수白壽를 향해 달려가는 임이여,
오래오래 건강하고 행복하소서.

2015년 11월 15일. 이기용(알베드도), 민건식(바오로) 형제에게 설곡/김영우(시몬) 기도로 올립니다.

유고 시집의 향연

— 고 박노언 시인의 출판 기념회

계룡스파텔 무궁화 홀
'망초꽃 향연'의 밤
그리운 임과 함께
노래 부른다, 시에 젖는다.

못 다한 옛 얘기
망초꽃 향기 되어
온천물 같은 사랑
추모의 기도 노래에 젖는다.

멀리에서, 가까이에서
찾아 만난 손님
너도나도 하나 되어
통교하는 이 밤에 시를 읊는다.

다시 만날 그때까지
믿음으로 이웃 되어
자유로이 날자
임이 있는 나라 하늘 끝까지….

2016년 6월 11일.

투병 생활

어제는 충남대병원
오늘은 서울 삼성병원
내일은 부산 우치과.

척추, 폐암, 뇌졸중
악마와 싸우는 투사는
동문서주 바쁘다, 바빠.

손 떨리고 눈이 침침해도
성령의 힘으로 일어서서
오늘도 또한 시를 쓰련다.

투병은 의지의 생활이다
내일이면 끝날지라도
오늘은 즐거움을 잃지 않는다.

2016년 6월 10일.

참 고마운 사람

서울 삼성병원
감마나이프 수술 예약이 있던 날
준비하는 시간을 재촉하며
새벽 다섯 시에 출발한다.

안내문도 서류도 꼭꼭 챙기고
카드와 돈도 잘 챙기느라고
정신이 없을 텐데
내가 입는 와이셔츠 단추까지 끼워 준다.
식사 때만 되면
약도 챙겨주고 물까지 떠주는 부지런한 마음
밥상에 반찬을 떠서 입안에 넣어주는
눈치 있는 고마움
일일이 뒷받침 받아야 하는
나의 투병생활이 죄송스럽다.

참 고마운 당신
팔십 세월을 살아오면서
평생 동안 나의 그림자가 되어
하루도 떠날 줄 모르고 문학인으로 성장시킨
당신이 있었기에 가능했다고 봅니다.

하느님 보시기에
참 좋은 모습으로 보셨으면 좋으련만,
잘 사는 후손들에게도
특히 손자 손녀에게도
고생에 지친 당신을 보더라도 꼭 병을 이겨서
마지막 본향에 들어가는 날
하느님이 주신 건강한 몸으로
손에 손 잡고 부모님 앞에 나아가
참 고마운 당신을 자랑하렵니다.

2016년 7월 3일 시술, 7월 4일 핵의학과 PET 촬영

자전거에 대한 미련

숱한 사연이 쌓인 자전거
시간을 도와주고 건강을 도와준
그림자 같은 나의 친구
어느 때는 손녀와 함께 추억을 만들고
동무들과 즐거움을 같이한 도구
팔순이 넘도록 나의 발이 되어 왔다.

대전에 한 대, 포항에 한 대를 두고
유효적절하게 사랑을 나누었다.
어린 시절 고향 백전에서 함양중학교까지
30리 길을 통학할 때
부유한 집 학생은 자전거를 타고 다니는데
나는 그 시절에 맺힌 꿈을
평생에 실현시켰던 것이다.

배 고픔도 이겨냈고
배움도 그 밑천이 되어왔다.
젬마는 나의 모든 밑천을 파악하고
살아가고 있기에
누구에게나 주고 싶어 못 견디는 마음이라

자전거를
김남규 안드리아에게 준다고 약속을 했다.

아직 새것 같고 비싼 것이 아까워서가 아니라
더 이상 자전거를 탈 수 없는
몸이 되고만 처지가 서러웠다.
이제 나 김영우(시몬)는
생의 마지막이란 것이 눈물겨웠다.
자전거 한 대가 한 인생의 마지막 걸림돌이 될 줄이야
생각지도 못했다.

하나하나 떠나가는 물건과 나의 모습,
잡을 수 없는 인연으로 변해가는 것을
이제야 느껴진다.
앞으로 얼마나 살지,
사는 동안 있는 대로 더 나누고 싶다.

2017년 7월 9일. 주일 대전에서

YS 서거

비에 젖은 단풍잎이
새벽 불빛에 떨어집니다.

그렇게 부르짖던 민주화 운동
거산 김영삼은 문민시대를 열었습니다.

9선 국회의원을 거쳐
1992년 대선에 승리해 우리나라
14대 대통령을 지내면서
무궁화 꽃을 피웠습니다.

고인의 생애는 시련과 극복
도전과 성취, 대한민국의 헌정사입니다.
"닭의 목을 비틀어도 새벽은 온다!"
겨울이 가면 봄이 오듯이
정원의 꽃씨는 봄바람을 기다립니다.

2015년 11월 22일. 12시 22분 서거

일상日常

때 되면 밥 먹고 잠자고 하는데
몸이 불편하니 일상이 성가시다.

앉았다 일어나기가 어렵고
한 걸음, 한 걸음 걷기도 어려운데다
허리가 쪼여서 온종일 누워있다.

예전엔 잘 살겠다는 생각으로
물마시듯 열심히 노력하였는데
지금은 생활에 먹구름이 깔린다.

내 일상에 변화를 주어
내 인생의 마지막 기로에 서서
다시 한 번 용기를 내어 본다.

지인이나 친구들을 만나
식사도 나누고 술잔에 정을 부어
장미꽃 향기에 취해보고 싶다.

2017년 7월 19일. 대전에서

신념

숨이 멈출 때까지
건강을 지키려는 신념 하나로
오늘도 숲속 길을 세 시간 정도 걸었다.

노쇠와 병고로 나태해지는
나의 모습을 그냥 보고만 있을 리가 없는 가족.
병원장 아들의 권고와
일거일동一擧一動을 돌보아주는
아내의 은덕으로
괴로운 몸을 더 운동으로 괴롭히니
오른쪽 발등에서 서서히 부기가 빠진다.

하면 된다.
지난 세월 노력의 성과를 맛본 신념이
내 마지막 여생을 장식할 밝은 등대가 되고
글을 쓰는 창작은 다작으로 이어간다.

2017년 7월 23일. 포항에서

힘이 든다

힘이 든다.
조그마한 물건을 들어도 무겁다.
평소에 느끼지 못한 일상이 무거워진다.

무서움이 먼저 일어나고,
일어서기가 무섭다.
걸음걸이가 무겁고 남 보기가 부끄럽다.

팔십 오세 안드레아는
어제도 복사를 섰다.
지난날 복사를 서던 생각이 가슴에 사무친다.

2017년 8월 4일 금. 전민동 성당

무거운 멍에

정신은 달빛처럼 맑은데
육신은 천근만근 무겁다.

삶의 틀에 싸여, 하고 싶은 것들을
포기하는 오늘이 무겁다.

내가 메는 멍에가 운명이라면
하느님의 뜻으로 믿고 살아가리다.

스스로 무거운 멍에를 지고
먼 길 앞에 서있는 내 모습이 아쉽다.

귀로에 선 한계 앞에서
뿔난 황소는 아직도 힘이 넘치는데.

2017년 8월 13일.

요양원

산소 호흡기를 코에 끼고
손발이 묶인 채, 침대 신세
누님은 눈만 깜박 깜박
세례성사의 물로 종부성사를 받으시고
주님께 의탁하신 목숨만 이어간다.

처형은 창가의 침대가 천당 자리라고
만족하며 그 날 그 날을 보낸다.

봄이면 개나리 벚꽃 매화꽃 곱게 피고
여름이면 녹음으로 뒷산 언덕에
노루며 토끼가 내려와 뛰놀고
외롭지 않게 자연은 요양원을 지킨다.

누님도 요양원, 처형도 요양병원
오늘은 이곳 내일은 저곳으로
마지막 은신처가 곧 내 처지 같아
기도하는 마음으로 면회를 한다.
아득한 계절이 낙조를 이룬다.

2016년 6월.

노년기의 자아 통합

늙는다는 것은 노화 현상입니다. 누구도 피할 수 없는 운명입니다. 어떻게 받아들이고 어떻게 소화하느냐에 따라 그 사람의 성패가 좌우됩니다.

현세는 노년화 시대가 백세를 중심으로 변화하고 있습니다. 노년기의 여생을 즐겁게 살기 위해서는 긍정적인 생활이 필요하며, 부지런해야 하고 확고한 판단력이 있어야 합니다.

우리 해운대 해성 대학생들은 누구보다도 행복합니다. 공동체 생활 속에 일원으로 이웃이 있고 하느님의 말씀에 귀 기울이면서 건강한 취미생활로 지혜롭게 살아가고 있기 때문입니다.

지금은 살기 좋은 세상입니다. 노인은 어디서나 존경받고 대우받는 세상입니다. 얼굴에 주름살이 보기 싫은 것이 아니라 인생살이 더 많은 체험과 존경의 표징임을 자부해야 합니다.

"인생은 언제라도 지금부터야! 누구에게나 아침은 반드시 찾아온다." 는 말을 남기고 102세에 타계하신 일본 '시바다 도요' 할머니가 생각납니다. 그는 92세에 시를 쓰기 시작하여 99세에 "약해지지 마"란 시집을 출간하였습니다. 일본에서 150만 권이 팔렸다는 소식에 온 세상이 감동하고 있습니다.

시바다씨는 부유한 미곡상의 외동딸로 태어났으나 소녀시절에 가세가 기울면서 종업원으로 일하다가 33세에 요리사와 결혼하여 아들 하나를 두었답니다. 그는 음악과 독서를 좋아했고 일본 춤을 즐겼습니다.

그러나 1990년에 남편과 사별하고 고생을 하는데 아들이 시를 쓰라고 권유해서 92세에 시를 쓰기 시작했습니다. 그의 판단력과 긍정적인 태도, 순수한 마음이 세계적 베스트셀러가 된 이유입니다.

나는 59세에 IMF를 맞아 시업을 청산하고 65세에 작은형제회에 입회하여 프란치스칸이 되었습니다. 70세에 대전가톨릭 신학대학에 들어가 교리신학을 공부하고 71살에 실용문예 창작과에 입학하여 4년간 공부하다가 72살에 수필과 시로 등단했습니다. 현재 수필집 "아내의 십자수" 한 편과 시집 3권을 출간하였습니다. 그러나 그동안 어려움도 많았습니다.

2012년에 허리 협착증으로 대전에서 수술을 받고, 그 이듬해인 2013년에 폐암 수술을 서울 삼성병원에서 받아 한쪽 폐 절반을 잘라내고, 거기다가 머리에 감마나이프 수술까지 받게 되었습니다. 2014년에는 뇌출혈로 포항 에스병원에 입원하게 되고, 2015년에 또 뇌졸중으로 대전 충남대병원에 입원하여 치료를 받았습니다.

계속 병고에 시달리면서도 하느님의 선물로 생각하고 기쁘게 받아 들이고 시인으로 글을 쓰며 즐겁게 살아가고 있습니다.

그동안 수필집 1권과 시집 “길 따라 물길 따라” “갈맷길을 걸으며” “비바파파 치유의 미소” 등 내 삶의 향기가 문학을 통해 독자들 가슴에 씨앗을 심어주고 있습니다.

지금 우리는 학생입니다. 학생은 공부해야 합니다. 일본 할머니 시바다씨는 92살에 글을 썼고 여기 서있는 이 사람도 칠십이 넘어서 시를 쓰기 시작했습니다. 시작이 반이라고 생각하면 됩니다. 무엇이든지 시작하십시오.

시바다 도요 할머니는 배운 것도 없이 늘 가난했던 일생, 두 번째 남편을 잃고 20년을 혼자 살면서 너무 힘들어 죽으려고까지 했던 사람입니다. 지난날 그 질곡의 인생을 헤쳐 오면서 99년을 살아온 그녀가 글을 쓰겠다는 판단 그 결단의 시작이 지금 우리들의 귀감이 되고 있습니다.

“약해지지 마” 하고 가슴의 한을 그대로 표현한 시가 지금 초 고령사회의 공포에 짓눌려 사는 일본인들에게 위로를 주고 있습니다.

백세 할머니의 글이 현해탄을 건너 우리에게도 속삭입니다, 특히 우리 노인대학생들에게 말합니다. 누구에게나 아침은 반드시 찾아온다고.

서산의 지는 해는 지기 전에 더 아름다운 낙조를 보여줍니다. 인간은 자연을 좋아합니다. 인간은 사랑이 있기 때문에 노년기가 더 아름답습니다.

* 2016년 5월 31일. 해운대성당 해성노인대학, 특기 자랑에서

제3부

추억을 되새기며

갑천 언덕 무성한 나무 가지에
추억을 물고 까치들이 모였다.

맵시 고운 몸매는 손녀 아녜스 닮았고
그 모습은 단정한 여고생 교복 같다.

추억을 되새기며

갑천 언덕 무성한 나무 가지에
추억을 물고 까치들이 모였다.

맵시 고운 몸매는 손녀 아네스 닮았고
그 모습은 단정한 여고생 교복 같다.

배고팠던 어린 시절
귀한 손님 오신다고 전해주던 사랑 노래
설날 생각에 까치소식 기다렸다.

오염된 환경에 시달리는 너에게
베풀지 못하는 고마움,
추억으로만 나누어야 하는가.

* 2017년 5월 19일. 엑스포 아파트 놀이터에서

귀향歸鄕

IMF라는 태풍에 쫓겨
금잔디에서 놀던
보금자리를 떠났습니다.

강산이 변하는 동안
귀향의 새싹도
자라고 있었습니다.

하늘에 순응하고 살라니
가슴에 공인의
메달을 달아줍니다.

석양의 눈부심이 되어
내 본향 부산으로
금의환향 했습니다.

* 2016년 1월 17일. 포항에서 부산으로

종소리

언제 들어도 정겨운 소리
종소리가 마음을 깨운다.

은은히 들려오는 교회의 종소리
초등학교에서 울리는 학교 종소리
새해를 알리는 제야의 종소리

한 동안 듣지 못한 소리
나의 귀향길 금의환향하는 소리
미사 전 삼십분에 울리는 종소리

해운대 성당 종탑은
하늘로 오르는 구원의 사다리.

* 2016년 1월 20일.

석양夕陽

창밖으로 석양이 진다.
고층빌딩 숲속에서 낙조를 이루며
팔순이 된 석양이 여백을 남긴다.

어제는 대전 엑스포에서
그제는 영일만 호미곶에서
오늘은 동백꽃 섬마을 해운대에서

석양을 바라보며
수많은 나날의 꽃씨가 되어
해바라기 꽃잎에 이슬이 맺힌다.

창 넘어 석양을 바라본다.
지난날 열정은 놀빛이 되고
타고 남은 잿더미에 시詩가 쌓인다.

* 2016년 2월 1일. 해운대 롯대캐슬마린 20층에서

이별離別

슬픈 눈물이 되어
한 송이 꽃을 바라보는 마음
침묵이란 향기에 취해 세월을 보낸다.

눈물은 연민의 정이 흐르는 냇물이어라.
심연의 파도가 가슴에 부딪칠 때
침묵은 포말이 되어 이별의 노래를 부른다.

잘 익은 감 홍시도 떨어지고
땡감도 떨어지는 것은
자식을 저 세상으로 먼저 보낸
부모의 마음이어라.

내 탓이요, 내 탓이요!
통탄을 하지만
이별이란 두 글자는 침묵만 지킨다.

* 2016년 2월 7일.

녹슨 철길

발가벗고 누워 있는데
지난날 빤짝인 몸매
세월에 쫓겨
빨갛게 녹슬어간다.

코스모스 꽃밭에 잠자리 날고
곱게 핀 백일홍이
추억을 노래한다.

역사 속으로 사라져 가는 길
부산-포항 간 동해남부선
해양경관이 아름다운 곳
도시 숲 공원으로 부활할 철도

힐링의 기운으로
창조 도시 포항이
녹색의 꿈을 펼치고 있다.

* 2015년 9월 9일.

단오절

모내기를 끝내고
동리 사람들이 모여서 윷놀이 하고
널뛰기를 즐기던 시절이 눈에 선하다.

막걸리 한 사발
동리 어르신 눈치 보며 떠 마시던 옛 시절이
내 마음에 푸른 잎으로 무성하다.

초하의 계절
수릿날에 풍년을 기원하니 기쁨이 쌓여서
이 좋은 세상에 벼 잎이 살랑거린다.

* 2017년 5월 5일.

산다는 것은

산다는 것은
물 흐르는 모래 위에 찍은
발자취다.

바람 부는 대로
비가 오는 대로
산천은 역사를 이어가는 것

흐르는 세월 속에
수많은 풀잎 사이에
한 장의 편지를 남긴다.

* 2017년 6월 23일. 포항에서

한밤중에

밤은 깊어 가는데 마음은 해가 뜬다.
한세상 살아온 한 사나이의 일대기가
구름처럼 떠오른다.

남보다 앞서가는 바람과 같이
온갖 삶의 먼지를 다 받아들여
정화의 온도계를 만들어 놓았다.

태양이 밝아 먼 길 걸어왔으나
온갖 풍상 다 겪은 나의 발걸음
자국마다 결실을 되새겨 본다.

세상은 나의 정원 나의 온도계
몸은 천근인데 생각은 구름 같고
버리지 못한 꿈속에서 바람이 인다.

* 2017년 7월 24일. 포항에서

질책叱責

예정엔 생각지도 못한 일들이
요사이에 자주 나타난다.
나이 탓인지 생활 탓인지
짚고 넘겨야 속이 시원하다.

나이가 들면 입을 다물면 된다.
그러나 너무 편한 것만 하다 보니
마음이 꼬이기 시작한다.

안 해도 될 말을 하게 되고
질책을 안 해도 넘어 가는데
팔순이 넘도록 할 짓을 모르고 사는
형제에게는 꼭 하고 싶어진다.

나눌 줄 모르는 그대!
여태껏 그런 대로 살아 왔는데
요사이 내 몸이 불편하여
파란 잎새에 단풍이 든다.

* 2017년 8월 6일. 대전 전민성당 여행 중에서

슬피 우는 매미

암흑의 세상
돌아가야 할 매미
이별의 낙원이 아쉬워 저렇게도 슬피 우는가.

입추가 지나
이슬방울이 맺히니
가야할 길 재촉하는 푸른 숲이 그리워라.

목 놓아 우는
이별의 교향곡
방청석 초목들은 침묵으로 웃음 짓는데

돌아올 수 없는
나그네 인생길
매미의 울음소리 같이 피고 지는 꽃이라네.

* 2017년 8월. 처서 날 아침, 포항

가을이 오는 소리

바람이 부는 소리에
가을이 온다.

님 기다리는 밤이면
편지를 쓰고

홍시가 세상을 밝히면
시상을 다듬으며

시인은 가을을 맞아
추억을 쌓는다.

* 2017년 8월. 포항

메뚜기

이슬방울 달고
누렇게 익어가는 논들,
메뚜기 뛰어노는
놀이터였는데
텅 빈 들판에는
벼 이삭만 고개 숙이고 있다.

알알이 결실하는 가을
옛 친구 다 어디 가고
추억만 남아
어제와 오늘을 되새기며
코스모스 향기에 취하고 싶다.

허기진 고달픈 생활
너 나 없이 겪었던 시절,
누나와 함께 들일 나가서
메뚜기 잡던 그 시절 떠오른다.

* 2017년 8월 20일. 대구 팔공산

가을이란 두 글자

하늘과 땅 그리고 계절
누구도 바꿀 수 없는 연정
코스모스 열정 따라 국화꽃도 핀다.

그리워 심어놓은 화단에
곱게 핀 꽃잎이 가을을 품고
미소 짓는 그 모습, 꿈인들 어떠랴.

가을이 온다고 파도치는 기다림이여
낙엽이 지기 전에 다리를 놓아
가을 노래 부르며 임 마중 간다.

* 2017년 8월. 포항

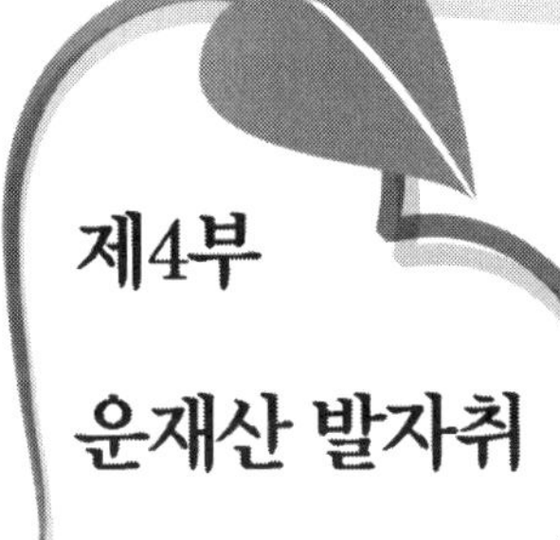

제4부

운재산 발자취

아, 그리운 님이여
돌아보면 돌아볼수록 아득한
사랑의 속삭임
나뭇잎 한 장 한 장에 편지를 쓴다.

운재산 발자취

산행 발길마다
그림자 드리운 자취
따르지 못한 몸으로 허공을 바라본다.

얼마나 즐기던 산행 길이었던가?
땀방울 빗물 되어 고인 추억
운재산 바람마저
가슴에 젖어드네.

아, 그리운 님이여
돌아보면 돌아볼수록 아득한
사랑의 속삭임
나뭇잎 한 장 한 장에 편지를 쓴다.

* 2017년 5월 28일. 포항의 운재산

민족의 영산, 태백산

하늘 아래 첫 샘 용정에서 물이 솟는다.

구공탄 불꽃 태양보다 뜨거웠던 시절
태백은
탄공炭公들의 보금자리로 자리 잡았고
매봉산 배추농사로 배를 채웠다.

바람의 언덕 고랭지 배추밭
시린 시래기에 한숨이 서려
고달픈 생활에 자갈밭을 일구었다.

지난 젊은 시절
풀포기마다 발자취를 새겨놓은
추억의 등산길, 태백산 종주
그리워 다시 찾는 영원한 동반자

하늘 아래 첫 샘 용정에서 물을 마신다.

* 2017년 5월 17일.

유적지 순례

하늘과 땅 사이
푸르름으로 가득 찬 골짝
백범 김구 선생의 삭발 바위
마곡사 경내 백범당을 참배했다.

독립유공자 후손
광복회는 백범의 투철한
민족주의 정신을 이어받아
통일을 염원하는
오늘의 현실을 달성코자 다짐한다.

3.1 운동이 촛불이 되어
내 가슴에 태극기 휘날리며
손에 손 잡고 형제자매 정 나누리.

* 2017년 5월 17일. 광복회 대전지부 회원, 백범당 참배

해운대 달맞이 길

부산의 몽마르트 언덕
해운대 문텐로드
갈맷길 걸으며 십이경을 돌아본다.
사크라괴르 성당은 없지만
프랑스 건축물이나 간판들이
이국을 방불케 하고 예술이 춤을 추며
보기 좋은 먹거리가 길손을 당긴다.
옛날, 이 삼 십년 아니 육십 년 전
그 골목도 없고 그 사람도 어디 갔는지
바닷가 동백나무는 사철 없이 푸르른데
바람막이 해송들은 떠오른 달을 잡는다.
굽이굽이 십오곡도
인생길 팔십년 세월
고갯길 오르기 가슴이 차다.
그러나 내가 있어 바다가 푸르고
내가 있어 달맞이 고개가 아름답다.

* 2016년 2월 23일.

문텐로드 : 갈맷길(둘래길) 제2코스인 해운대 달맞이 길

15곡도(曲道) : 송정 해수욕장으로 이어지는 고갯길, 와우산 중턱에 열다섯 번 굽이굽이 이어진 언덕길.

무이네 사막

고요와 바람
그리고 햇살이 사는 곳
가장 작고 부드러운 모래알
프란치스코의 영성이 쌓였네.
자유를 즐기며
바람 부는 대로
어린아이 부드러움
세상의 빛과 소금 오아시스가 되었네.
삭막한 광야에서
겸손을 노래하고
믿음과 사랑으로 안아주는
무이네의 사막이
프란치스코처럼 속삭이네.

* 2015년 9월 27일. 추석날에 베트남 호치민 무이네 사막에서

영광의 상처

한 백년 지켜온
침묵의 고통
상처 입은 소나무가 말문을 연다.
실핏줄 깊은 상처
조국의 한이 서려
억압과 실의로 살아온 한세상
문경새재 넘나드는
조령산 고개 길
주왕산 장군봉 골짝마다
가득자란 소나무들
상처 입은 소나무가 푸른 산을 지킨다.
오늘의 풍요로움
영광의 씨앗
문경의 사과축제 한마당
아름다운 상처
십자가 성혈이
온 세상 구원하듯
산과 소나무는 저주하지 않는다.

2015년 10월 24일. 〈문학사랑〉 가을 문학탐방에서

부산 나들이

봄비를 맞으며
시에 젖은 글짱들
부산 나들이를 즐긴다.

한산한 바닷가
백사장에 모여 앉은 갈매기
파도소리 따라 시를 읊는다.

벌떼처럼 찾아 올
해운대 해수욕장
동백섬을 친구 삼아
술잔이 기운다.

시상이 떠올라
자갈치 활어회 시원소주 한잔
선창가 해초 내음, 전복죽 맛
글사랑 얘기가 동백꽃 피운다.

* 2016년 4월 21일. 〈문학사랑〉 가족들, 부산 나들이

노을

톤레삽 호수의 수상마을
붉게 물든 구름 노을이 지고
고달픈 수상생활, 황톳물이 흐른다.

세계 최대 도시였던 씨엠립
열대 밀림 속에 천년을 잠자던
신비의 앙코르와트에 노을이 진다.

크메르 제국의 후손들
잠에서 깨어난 찬란한 보물이
메콩강 물결 따라 세상을 손짓한다.

하늘과 땅 사이
구름도 나무도 노을이 되어
황홀한 노을에 취해 낙조를 이룬다.

* 2016년 6월 5일. 캄보디아 두 번째 여행 중

산을 오르며

비 내린 뒤 산은
새 생명을 잉태하고
풀잎 이슬방울이 발길을 잡는다.

하늘만 바라보고
정상을 오르는데
안개 속에 장산은
아무 대답 없구나.

구름 속에 갇힌 미로
아무것도 볼 수 없어
산과 나는 하나 되어
오르고 또 오르는 산길

오십대 아들은 한이 안 차고
칠십대 엄마는 마지막 힘이 남아
곱게 핀 나리꽃
친구 삼아 맞이하는데
팔십이 다 된 나는 비 내린 뒤
산길이 더더욱 무겁다.

* 2016년 6월 19일. 해운대 장산 634미터 산행

장산萇山에 올라

천혜의 도시
고층 빌딩이 숲을 이루고
광안 대교가
오늘의 번영을 대변하는 부산 해운대
제이의 홍콩이라고 불러본다.

황련산 금령산이 감싸 있는 해운대 장산
동래산성 고단봉 다음가는 높은 정상이
산악인을 맞이한다.
십오 년 만에 제일 추운 날이라 해도
장산은 나를 불러낸다.

대천공원에
체육시설도 잘 갖추어져 있고
둘레길도 편안하게 잘 닦아 놓았다.
송정, 해운대, 광안리 해수욕장이
세상 낙원처럼 펼쳐져 있어
산새가 아름다워 나목 들이 숲을 이루고
계곡마다 물소리 요란한 장산,
귀향의 피로도 가시기전에 산행을 즐기라 한다.

대천공원을 지나
옥녀봉 중봉 억새밭을 올라
정상까지 서너 시간동안 종주했다.

대천공원에서 안부까지
돌이 많아 너덜 길을 걸었다.
순환도로는 편안하게 걸을 수 있다.
장산의 돌길을 너덜경이라고도 하는데

제주에는 올레길,
지리산에는 둘레길,
부산에는 갈맷길,
해운대 장산은 너덜길이라고 부른다.
예전에 몰랐던 이 길이 새롭게 친구 되어
이십년 전에 삶의 추억을 되새겨 준다.

* 2016년 1월 24일. 해운대 롯데 캐슬마린 아파트에 이사 와서

간절곶에서

부산 갈맷길 지나
구룡포 호미곶 돌아 다시
울산 간절곶을 거닌다.

산과 바다 그리고 시골길
아직도 가보지 못한 곳이 많아서
둘레길 따라 방방곡곡 풍경을
가슴에 담는다.
그곳의 풍습 그 마을의 역사
보면 볼수록 감탄스럽고 새로워진다.

간절히 기도하면 이루어진다는
그 이름 간절곶
동해바다 수평선에 떠오른
태양을 맞이하려 몰려드는 사람들
얼마나 많은 사람들이 소원했을까

망부석 조각이 새롭게 느껴지고
크게 만든 우체통이
사랑의 편지를 기념하듯

붉은 등대가 하트를 새겨주는 이곳
영화 촬영 현장이 추억스럽기도 하다.

파란 동해바다
파도소리 부서지는 방파제에서
싱싱한 횟감에 소주 한 잔 마시니
또한 살만한 세상이 이어진다.
다 보지 못한 이 세상 인생길 남은 여백을
여행으로 채워
잘 살고 간다고 동해바다는 전해 주리라.

* 2016년 7월 3일. 울산 둘레길 간절곶 탐방

해운대 엘레지

해는 서산에 기울고
답답한 마음 풀고 싶어
파도에 젖어 갈맷길 걷는다.

외로움에 지친 등대
망부석 눈빛
비가 오나 눈이오나
갈매기 벗 삼아 바다를 지킨다.

은빛 모래밭에
발자취 남겨놓고
동백섬 언덕엔 동백꽃 피고
오륙도 넘어가는 노을빛 아쉬워.

* 2016년 8월 25일.

운제정

구름도 쉬어가는 운재산 육각정
소나무 평풍에 안겨
산행인을 반긴다.

바람도 사랑에 쌓여 머물고 간 시간
못다 한 등산여정
쉬어간들 어떠하랴.

대청마루에 누운 당신과 나
산행으로 무장한 몸을 신뢰하며
초목의 그림자가 되리라.

산행도 좋고 등산도 좋지만, 우리는
서서히 떨어지는 낙엽이 되어
산천을 물들일 뿐이다.

* 2017년 6월 25일. 포항 운재산에 있는 정자 운제정.

솔솔바람

아무 미동 없이
서있는 나뭇가지 잎새는
솔솔 부는 바람에 흥겹게 춤을 춘다.

운재산 소나무 하늘까지 치솟고
운제정 정각에는 노래 소리 가득한데
늙은 부부는 미풍에 잠을 이룬다.

배낭지고 산행 길 오른 아들은
정산종주 다섯 시간에 하산하여
시원한 막걸리 한 잔으로 피로를 풀고
영일만 온천에 몸을 맡긴다.

* 2017년 7월 9일. 포항

산길 걸으며

나뭇잎 흔들리니
내 마음 춤을 춘다.

산길 발자국 마다
산새 소리 쌓이고
하늘을 바라보니
정상이 다가 온다.

산은 내 정든 고향
내가 잠들 영원한 곳
내 생의 여정
초목이 산길 내었다.

산이 나를 부르고
내가 산을 찾아가니
낙원 이야기 속삭임
하늘 소식 전해 주네.

* 2017년 8월 5일. 포항 아파트 뒷산

운제정 나방

산들 바람에
쉬어가는 운재산 육각정
나방이 주인노릇을 한다.

아들 요한은 산행 길에 오르고
우리 내외는 34도 불볕을 피해
운제정에 들렀는데
나방이 달려들어 귀찮게 한다.

찾아온 손님을 반가워하는 건지
제집이라고 주인 행세를 하는 건지
주인 주객이 바뀐 듯싶어
다음에 올 때는
천둥 번개와 동행해 볼까.

* 2017년 8월 6일. 포항

운제정 여운雲梯亭 餘韻

미풍도 쉬어가는 정자
포항에 이야기들이 꽃피는 곳
산행 길 발걸음 잡는 운재산 육각정

산이 나를 부르고
내가 운제정에 안기니
옛 얘기 속삭임에 역사가 쌓인다.

바람도 사랑에 젖어
대청마루에 가득하니
뜬구름 그림자가 나뭇잎 살랑인다.

오늘도 내일도 여운에 젖어
미련이 손짓하는 소나무 향기
산새 노래 소리에 내 마음도 춤을 춘다.

2017년 8월 5일. 포항의 운재산 운제정

뒷동산에 올라

아침 산책
솔바람 오솔길에
이슬방울은 풍년을 재촉한다.

동산에 올라
펼쳐진 들판을 바라보니
파란 들판이 가을을 부른다.

산과 들은
푸르름이 아쉬워 침묵하고
자연과 인간은 산책길을 재촉한다.

* 2017년 8월 19일. 포항 뷰엔빌 뒷동산 산책

제5부
가야 할 길

이별의 여로에 서서
이 기도가 나의 몫이련가?
나의 마지막 작별의 인사인가?
에덴동산에서 천상 낙원에서
그날까지의 이별이련가?

새벽

깍 깍 깍
까치우는 소리
여명이 오는 소리
하루가 시작 된다.

엑스포
아파트 정원
상쾌한 공기 향연
각종 꽃이 다투어 핀다.

성모님
기도하는 모습
새벽 미사 가는 길
발길이 가볍다.

* 2016년 6월 4일.

가야 할 길

마지막 이별의 여로에 서서
가시밭 언덕에 남긴 발자취
가야할 길 재촉하며 흔적을 지운다.

이십여 명이 병실 한 방 침실에 누어
산소 탱크 호스에 목숨을 달고
임종을 기다리는 누님을 찾았다.

"누님, 나-왔어. 나 누군지 알겠어…?"
누님은 눈만 깜박이며 시선을 맞춘다.
들리는지 마는지 무언가 입만 연다.

지난주 2월 2일 화요일에
종부성사를 드렸기에 평안해 보였다.
살짝 미소를 짓기도 한다.
마지막 이별의 기도인가 싶다.
지금은 사순 제 일주일
가장 주님과 가까운 시기
젬마와 나는 누님(안나)의 손을 잡고 빌었다.
'사순시기에 돌아가시면 직 천당이라는데….'

주님! 불쌍한 이 영혼을 편안이 거두어 주소서.
영원한 주님의 나라에서 평화를 누리게 하소서.

이별의 여로에 서서
이 기도가 나의 몫이런가?
나의 마지막 작별의 인사인가?
에덴동산에서 천상 낙원에서
그날까지의 이별이런가?

* 2016년 2월 20일.

집착

지정 자리도 아니고
다투어 차지하는 자리도 더더욱 아닌
앞자리에 집착하는 것은
잘 보이고 잘 들리기 때문입니다.
미사 한 시간 전에 성전 품에 안기면
언제나 앞자리는 준비된 시몬의 자리입니다.
십자가를 바라보고 제단 앞에 앉아서
고요를 독대할 때 주님의 속삭임을 듣습니다.
남의 것을 욕심내고
둥근달을 내가 가지려는 탐욕도 아닙니다.
의식적으로 준비하고 서둘러 나선다면
어머님의 품안은 더욱 따스함을 느낍니다.
주님만을 중심에 두고
욕심도 탐욕도 주님과 함께 라면
생활 속에 기쁨도 믿음으로 성숙하고
집착은 행복을 추구할 것입니다.

* 2016년 2월 28일. 사순 제 3주일에

피정避靜

좋은 것만 좋아하고
힘든 것은 외면하는 세상
세속에 얽매인 생활을 잠시 접어 두고
참되고 완전한 기쁨을 찾아 피정을 갔습니다.

밤새도록 내리는 비가 성령과 함께
동항성당 피정의 집을 세례하고
기도와 침묵에 잠긴 프란치스칸에게도
무거운 마음을 세례의 비가 씻어줍니다.

영보님의 강의, 파도바에 대한 스크린 영상.
묵상, 토론, 친교의 시간으로 미사 봉헌하며
하느님을 만날 수가 있었습니다.

환희에 넘치는 재속 프란치스칸들
어린아이가 되어 마냥 기쁨이 넘칩니다.
이제 이웃을 돌아볼 눈이 뜨입니다.
피정으로 프란치스칸의 정체성을 확고히 하여
가장 작은 자로서 새들의 노래 소리를 듣습니다.

* 2016년 5월 23일.

새벽 닭

목 놓아 울어대는
애잔한 부름
새벽닭 우는 소리에
먼동이 튼다.

새벽 다섯시
성무일도 시간
밤하늘의 별빛
복음으로 수놓는다.

성 베드로
닭이 울 때 함께 울면서
속죄와 회개의 기도
새벽부터 당신을
애틋이 찾나이다.

* 2016년 6월 19일.

발자취를 따라서

— 우리 사부 성 프란치스코께 바치는 글

아씨시의 성프란치스코님!
당신의 축일을 맞이하여, 오늘
하느님의 성서를 통해 희망으로 가득 찬 마음으로
누나의 죽음이 우리의 고향으로 데려갈 때까지
사부님의 발자취를 따라 잘살아갈 것을 다짐합니다.

거룩한 하느님 아버지,
사랑의 예수그리스도와 능력의 샘이신
성령과 함께 프란치스칸의 회칙과 회헌을 통해
성숙한 변화를 시켜 주심에 감사드립니다.

희망과 기쁨 사랑과 평화로
그칠 줄 모르는 님의 사랑을 전하는
우리에게 가장 작은 삶의 증인이 되게 하셨습니다.

팔백여 년 전 아씨시의 작은 마을에서
세상의 거울인 프란치스코가 외양간에서 태어나
우리들의 길잡이가 되었습니다.

순종

나보다 더 힘 있는 분이
나를 끌고 간다면
나는 순순히 따라가리라.

아무리 고통을 주어도
그분의 뜻이라면
의지할 곳 있기에
낙심하지 않으리라.

잘 먹고 잘 입고 멋있는 모습
지닐 수 있는 주위가 있기에
그분께 순종하는 삶이
나를 지키는 일이다.

* 2017년 6월 25일. 포항에서

가뭄

끝까지 기다려도
짝 사랑 뿐이로다.

소나기 곳곳마다
아버지 성난 마음

지상의 푸른 정원
그분의 기쁜 미소

거북이 모습 보고
하늘은 눈물짓네.

기다림의 해갈은
생명의 연장이다.

* 2017일 6월 28일.

다가오는 기쁨

밤낮은 달라진 것 없는데
몸이 마음을 따르지 않는다.
앞에 보이는 목적지가 멀리 보이고
손잡는 길잡이가 기다려진다.

제대 앞에서 청원의 기도 드릴 때
예전에는 아프지 않은 편안을 기원했는데
이젠 더 이상 요구할 여지가 없다.
받을 것 다 받았고 누릴 것 다 누렸으니
남은 것은 데려갈 은혜뿐이다.

오늘 젬마는 봉헌미사를 드렸다.
시몬의 쾌유를 위하여 정성을 드린다.
아버지 마음은 어떤 생각을 했을까
하루 빨리 기쁨이 충만한
하느님 나라로 인도해 주었으면 좋으련만
아버지 마음이
어떤 판단을 하실는지 기다려진다.

* 2017년 6월 28일. 전민동 성당

님아 불러다오

제발 불러다오
사랑하는 님의 소리는 아름다워
오늘 미사봉헌 시간에 줄곧 매달렸다.
살아가는데 걸림돌이 되지 말고 디딤 돌이 되길….

몸에 달린 수족들이 시들어 가고
님이 주신 선물을 하나하나 거두어간다.
잘 쓰고 돌려주어야 하는데 소홀했나 싶고
님의 뜻에 따르지 못하여 사철 계절을 잊었나 보다.

쓸모없는 사람보다 남은 힘 있을 때
존경받는 노인으로 사랑받는 부부가 되어
님의 바람에 한몫을 했으면 좋으련만,
언제 불러가려는지 기다려지기만 한다.

* 2017년 7월 7일. 금죽도 성당에서

뿌리 깊은 믿음

미사 시작 두 시간 전에
제대 제일 앞자리에 앉아
묵상에 잠겨있는 형제가 있다.

육체는 장애인이나 젊었을 때는
직장도 좋았고 교회 생활도 모범이었다.
성숙한 신앙생활의 모습
모든 신자들은 존경스러워한다.

자연의 결실은 가을에 추수하는데
인간의 마지막은 나이를 초월한다.
내가 가야할 그 길을 오늘 그 형제가
먼저 부름을 받고 떠났다.

다시 찾아 볼 수 없는 그는
이젠 미사도 성체성사도 필요 없다.
천상 낙원에서 하느님과 함께
구원을 펼치고 있다.

소천한 영혼은 창조자와 함께하고
육신은 대전 장례식장에서 입관식을 했다.

언젠가 다시 만날 그날을 기억하며
불러도 대답 없는 하늘나라에서
있어도 없는 듯 없어도 있는 듯 살아보리라.

* 2017년 6월 2일 금요일.

중복中伏의 선물

창문을 열거나 그늘을 찾아
더위를 피하는 것이 의례적인데

34도 실내 온도인 어제는
그것도 속수무책이었다.

하느님의 눈물 없이는
더위에 배겨 날 수가 없다.

애련하게 생각한 주님께서는
중복의 선물로 빗방울을 내리신다.

* 2017년 7월 23일. 중복, 포항

자비를 베푸소서

미사 봉헌부터 용서를 빈다.

오장 육부에 남은 여운을
눈물로 흘러내려
강물이 넘치도록 자비를 청한다.

용서와 이해, 그리고
하느님의 뜻
사무친 종소리가 가슴을 울린다.

심오한 자비가 눈물이 되어
신부님 앞에서
어쩔 줄 몰라 청원의 기도를 드린다.

자비를 베푸소서!
자비를 베푸소서!

* 2017년 8월 13일. 포항 죽도성당 교중 미사 중에

성모의 밤

— 성모님께 바치는 편지

오월은 성모의 달입니다.
은총의 별들이 쏟아지는 이 밤, 곱게 핀 장미꽃 향기 퍼져
어머님 모습에 젖어듭니다.

낮에는 희망을 노래하며 태양을 바라보고,
밤에는 둥근 달빛 아래서 성모님의 숨결을 느끼며
본당 교우들이 정성을 다하여 장미꽃 편지를 올립니다.

계절의 여왕이신 어머니여,
오늘밤 당신을 더욱 가까이 하고 싶어
본당 교우들은 어머니 앞에 모였습니다.
은총이 가득하신 마리아여,
당신의 사랑을 겸허히 받아들이고
순종하며 살아갈 수 있도록 보살펴주소서.

살아가면서 힘들고 절망스러울 때면
언제나 당신을 바라봅니다.
우리가 당신을 모심에 감사드리며
당신의 맑은 눈을 바라볼 때면
우리의 아픈 상처도 치유됩니다.

이웃에게 던진 상처도 많지만
남에게서 받은 상처도 많은 우리 가슴에
당신의 미소가 용서를 하게 만들었습니다.
저희들의 잘못을 다 용서해 주시고
저희들의 허물을 다 덮어주시는 어머니,
저희들을 평화로운 성 가정으로 이끌어주심에
고마움을 느낍니다.

마니피캇을 봉헌하는 이 밤,
어머니를 위한 저희 기도가
해바라기 꽃이 되어 영혼과 육신을 바쳐
어머니의 순종을 기억하며 어머니의 고통을 기억합니다.
슬픔과 괴로움에 지쳐있을 때
십자가 아래 어머니의 눈물을 기억합니다.
기쁨에 충만한 이 밤,
어머니를 모르는 사람들이나 병들어 절망에 지친 이들이나,
특별히 헐벗고 굶주리는 북한 동포들에게도
일용할 양식을 주시고
어머니의 따뜻한 정을 느끼게 해 주십시오.

이 세상은 나그네 길이랍니다.
본향으로 향하는 우리들의 여정에
이웃을 소중하게 생각하고
신앙의 징검다리를 놓을 수 있게 이끌어주소서.
미풍에도 흔들리는 작은 풀잎처럼,
바람에 흔들리는 이 밤의 촛불처럼,
우리의 믿음도 사랑 속에 흔들리고 있습니다.
그러나, 당신의 아들 예수그리스도의 가르침과 계명을 따라
마음을 다하고 목숨을 다하며,
하느님을 흠숭하고 이웃을 저 자신처럼 사랑하여
세상의 빛과 소금의 역할을 다 하겠습니다.

또한 간절히 바라오니
본당 공동체의 주보 성인의 신심을 본받아
본당의 역사를 이어가는
신부님과 수녀님에게도 솔로몬의 지혜를 허락하시고,
있는 듯 없는 듯
그 자리를 지키며 봉사하는 본당 신자들에게도
어머니의 미소가 머물게 하소서.
장미꽃 향기가 별자리 된 이 밤
어머니 앞에 성모님의 얼굴을 바라보니

저희들은 너무 행복합니다.
언제나 어머니의 사랑 속에서
기쁘게 살아갈 수 있도록 도와주소서!

* 2016년 5월 27일. 해운대성당 성모의 밤 행사에서

제6부 백전의 추억

어머니 치마 끝을 잡고 밭에 나가
감자 심고 고구마 캐서 집에 돌아와
동리 앞산에서 샘물 떠 와서
보리밥 한 덩어리 물에 말아 먹으면
또 하루가 지나갔습니다.

끝까지

가고 싶다.
수평선 넘어서까지
언제부터 언제까지일까?

쓰고 싶다.
먹고 자고 생각하고
끝까지 시를 쓰고 싶다.

모래알 같은 세월
물같이 흘러 흘러
황혼이 질때까지,

* 2017년 9월 어느 날. 포항

장미꽃 당신

성경을 필사하는 당신의 모습, 칠순 넘은 노로(老路)에 얼마나 고달플까? 몸은 괴로울수록 더 고통을 주라는 조언에 매달려 눈 붙이기 전에는 한시도 가만히 앉아 있질 못합니다. 부지런함을 운동으로 생각하고 생활 속에 젖어들어 무릎 관절통을 이겨내고 오늘까지 칠순을 넘어서도 태백산 산행도 남부럽지 않게 거뜬히 종주하는 것을 보면 그저 감사할 수밖에 없습니다. 자기 몸 치다꺼리도 나태해지는데, 일거일동을 그림자같이 뒷바라지 해주는 그 고마움을 어디다 비하랴. 어느 때는 고통스러워 그만 죽고 싶은 생각이 들어도 당신 할 일이 없어질까 봐 못 죽는다고 진실로 변명 같은 표현을 한답니다.

장미꽃 당신 오월은 성모의 달입니다.
장미꽃 열정은 성모님의 사랑입니다.
당신은 우리 가정에 성모님이십니다.
어머니의 가슴에 포근히 잠들고 있습니다.

2017년 9월 어느 날. 대전-포항-서울 삼성병원을 오가며

가을 소리

똑 똑 똑 구두소리
아가씨의 발걸음 소리
세월 따라 사라진 귀뚜라미 소리.

기차역 출구 옆
여행객 옷차림 단풍이 들고
가을도 달리고 세월도 달리다.

가을 하늘 파란 바람
단풍은 낙엽을 손짓하고
추억이 멈춘 자리 황혼이 진다.

* 2017년 9월 9일. 서울역 공간에서

단풍

가을바람이 창문을 두드리고
설악산 단풍은
안방에 TV로부터 온다.

뿔은 립스틱 아가씨
그리움에 겨워
낙엽이 지기 전에 님맞이 간다.

낙엽에 쓴 편지
자국마다 쌓인 추억
귀뚜라미 우는 소리에 단풍은 진다.

* 2017년 9월 9일. 포항에서

기차

케이 티 엑스
파아란 하늘에 선을 긋고
별똥처럼 달리며 추억을 그린다.

가을 들판에
알알이 익어가는 자연의 선물
풍년을 실은 기차는 말없이 달린다.

어제도 오늘도
가시는 님 오시는 손님
기쁨도 즐거움도 침묵으로 일관한다.

* 2017년 9월 어느 날. 포항

순리대로

생각이 앞서고
길을 걸어도 앞서 가고
항상 앞자리를 놓치지 않는 사람
그래서 먼저 돌을 맞는 것이 순리일까,

순서를 순리대로
받아들여야 하는 것인지
일 이번의 사이에 무슨 순리가
있어야 하는 건지 인생을 생각해 본다.

순리가 내 뜻을
과연 자지우중 하였다면
황혼길 팔십 고개 넘으면서
고통을 먼저 겪는 것도 순리라 할까,

* 2017년 9월 13일 수. 샛별대학

억새

갈바람에 나부끼는
억새풀 흰 머리
도토리 떨어진 길에
애잔한 노래 소리 가득하네.

잡초 가운데
군락을 이루고
당당한 그 모습
날카로운 눈빛이 시인을 손짓한다.

흔들리는 이 마음
은은한 억새풀 되어
인생항로 산행 길
사철 따라 흘러가네.

* 2017년 9월 15일. 포항

가을 비

뜨거움에 지쳐
잠에 빠진 나무 잎
가을비 맞으며
지친 옷 벗는다.

파란하늘에
비구름이 떠돌 때
빗방울 터지는 소리에
가을은 깊어간다.

결실의 가을
다람쥐는 보이지 않고
나뭇가지의 도토리는
비에 젖어 떨어지네.

* 2017년 9월 16일. 포항

비 내리는 날

비는 내리는데
내 마음은 왜 기뻐질까?

가고 싶은 주일 미사
오늘은 갈 수 있을는지
비가 오나 맑은 때나
언제나 차는 달리는데
내 마음은 내 뜻대로
하지 못하는 현실,
수염도 깎고 머리도 빗고
기회가 올려나 준비했는데
역시 주님은
시몬을 부르지 않는다.

영혼이 먼저인지
육체가 먼저인지
알 수 없는 순서에 따라
십자가를 가슴에 품고
사는 것만이 신앙일까?

* 2017년 9월 17일. 주일

가을

바람 부는 소리에
가을이 온다.

시인이 즐기는
가을
홍시 감의 추억
시상이 새롭다

기도드리는
밤이면
십자수 놓고

귀뚜라미 자장가
창작시 읊어준다.

* 2017년 어느 때. 포항

부름이 있는 일상

즐겨 참석하는 모임이 있는가 하면, 멀어져간 모임도 있다. 산악회, 라이온스클럽, 골프, 재속회, 레지오, 새터민한우리회, 모임이 멀어져 가고, 대전문예대학 시 창작 합평회, 광복회, 요셉회, 샛별대학, 노인회, 미사봉헌 등 아직도 즐겨 참석하는 모임이 있다.

때에 따라
술친구와 자리를 같이할 때도 있어
부름에 즐겨 찾는 것이
나의 일상이다.

한세상 살아오면서 이러한 모임으로 해서 인간이 성장했고 역사가 이어온 것으로 알알이 익어가는 벼이삭이 풍년가를 부르듯 나 또한 건강을 주신 하느님과 선조들에게 고마움에 대해 고개를 숙인다.

* 2017년 9월. 추석을 앞두고

광복회 나들이

알알이 익어가는 벼이삭이
윤봉길의사 앞에 고개 숙인
예산 기념관을 참배했다.

독립만세 소리가
파란 하늘에 가득 찬 고장
휘날리는 태극기가 더욱더 선명하다.

회원들의 가슴마다
유공자의 후손답게
선조들의 애국정신을 이어받은
충성의 열정으로 선인 앞에 고개 숙였다.

아직도 떠나가지 않는
이북의 도발사건들이
행복의 걸림돌이 된 시점에서
우리는 윤봉길의사의 믿음을 따르리라.

* 2017년 9월 21일.

코스모스

보고픈 코스모스
온 들판을 수놓은 가을인데

실리를 추구하는 현실에 밀려
쉽게 우리 주변에서 볼 수가 없네.

꽃 중의 꽃!

붉은 치마 빨간 구두 아가씨
소복소복 단장한 소녀의 모습

귀뚜라미 노래에 추억을 담아
시골길 언덕에서 자태를 뽐내네.

* 2017년 9월 어느 날. 포항

옛길

능금이 익어가는 가을
애정이 넘치는 시골길
코스모스를 바라보며 향수에 젖는다.

온갖 꽃들이 아름다움을 다투는 들판, 옛길을 지나며 애정을 나누고 황금물결 파도치는 고향 산천 옛길에 논두렁 허수아비 어디로 갔는지 이름 없는 잡초들, 부귀와 권세에 밟혀도 가을햇빛 아쉬워 새봄을 기다리네.

청송 주왕산에서부터
포항으로 오면서 산골 그 길에
팔십 평생의 발자취를 남긴다.

* 2017년 9월 24일. 셋이서 포항 나들이

추석秋夕

까만 고무신 신고
새끼줄 둘둘 말아서 공차기 하던 시절
흰 고무신 신고 싶고
운동화 신는 것이 꿈이었던 때
추석명절은 하늘의 선물이었다.

아버지 장에 가시면
혹시나 기대 했던 마음
지게에 고등어 한손 매고 오시는 것에
만족할 수밖에 없던 옛 시절이 아쉬워진다.

못 먹고 못 살던 어린 시절
먹고 싶은 것 입고 싶은 것
하고 싶은 것이 그렇게도 많았는지
역시 그 꿈은 이루어지리라는 희망이
팔십 해를 맞는 이 추석에 되새겨 본다.

* 2017년 9월. 추석 며칠 앞둔 날에

비 내리는 가을

깊어가는 가을
세월이 아쉬워
창문을 두드리는 소리
며칠 앞둔 추석명절을 준비하라고

비 내리는 거리에는
자동차만 바쁘고
내 마음 적시는
창가에 빗방울은 하염없이 흐르네.

평일 미사 가려는데
발목 잡는 빗줄기
벼이삭 물방울 귀걸이 달아주고
아쉬운 내 마음 막걸리로 적셔주네.

* 2017년 9월 27일 수요일. 포항

중추가절

유달리 긴 명절
모두들 푹 쉬면서
행복을 즐기길 바란다.

하늘도 즐겨 이 땅에
비 내려 씻어주고
중천에 둥근달을 바라보게 한다.

오순도순 모여 앉아
옛 이야기 나누며
바쁜 생활 잠시라도 잊으려한다.

생각조차 잊으려 했던
어려웠던 지난시절
여유 있는 오늘 저절로 떠오른다.

* 2017년 10월 2일.

백전의 추억

잣나무가 많아서 이름 붙인 동리
지지리도 못살던 고향 시골
보리밥 처마 끝에 매달아놓고
어머니 치마 끝을 잡고 밭에 나가
감자 심고 고구마 캐서 집에 돌아와
동리 앞산에서 샘물 떠 와서
보리밥 한 덩어리 물에 말아 먹으면
또 하루가 지나갔습니다.

집 앞에 실개천은 맑은 물 흐르는데
태산 같은 앞길은 보이질 않았습니다.
가는 세월 아쉬워 힘겹게 노력해도
역시 농부의 아들로 태어나
없는 집안에서
촌놈의 멍에는 벗을 수가 없었습니다.

어쩌면 공부를 하나
어찌하면 돈을 벌 수가 있으며
남보다 더 힘이 셀 수가 있을까,
궁리하고 또 생각을 했습니다.

결국 미지의 세계로 탈출했고
열여섯 살 어린 나이에
어디 붙어있는 줄도 모르던
부산으로 무조건 걸었습니다.

긴 터널을 지나 햇살 빛나는 부산에
정착하여, 잣나무에 잣을 거두어, 백전의
농부가 부산에 사업가로 옷을 입었습니다.

어머님의 신앙생활을 이어받아
성숙한 성가정을 이루고
오늘날까지 하느님께 감사를 드리며
용호동 어머님께 성묘하면서
바다보다 더 깊은 그 사랑에
고향 생각을 했습니다.

* 2017년 10월 4일. 추석날에

국민 학교

정겨운 이름이다.
백전 27기 동창생들
지금은 손주들이 등 두들기며
재롱 피우는 즐거움에 살겠지.

백운산 정기를 받아
청운의 꿈을 안고
열심히 공부하며
운동장에서 뜀박질하며 자랐다.

소사가 종을 치면
힘이 넘쳐 주체 못했던
공차기를 멈추고
교실로 들어가야만 했던
초등학교 시절이, 오늘 한글날
태극기를 달면서 새로워진다.

학교 정문에는 돌계단이 있고
운동장 모퉁이에 능수버들은
등교 길에 첫인사를 건넨다.

이천수 맑은 물은 상림 숲을
안고 흐르고
읍내 한들에 벼농사는
풍요로움을 노래하였다.

책 보따리 어깨에 메고
함양 중학교 다닐 때는
삼십 리 등교 길을 왕복하면서
뛰고 걷고 뛰고 걷고 하니
서산에 해가 진다.

국민 학교 운동장 능수버들
나무 아래 습작하던 버들가지가
오늘에 싹을 틔웠다.

* 2017년 10월 9일. 포항

둥근달

둥근달
추석명절
송편 생각 절로 난다.

낮같은 저녁
밤 지는 줄 모르고
숨바꼭질 즐거웠다.

동리처녀
모여 있는 누님들
찾아다니기 바빴고

달빛 아래
강강술래
오늘따라 새로워진다.

* 2017년 10월 2일. 포항

시냇물

졸 졸 졸
시냇물 흐르는 소리
땀을 식히는 일급수
식수를 마시고 목을 적셨다.

징검 돌다리 건너
깊은 웅덩이 찾아서
멱을 감던 어린 시절
옛 동무들 어디서 살까?

조약돌 모여 앉아
옛 얘기 속삭이고 모래 위에
발자취만 추억을 되새기고
봉숭아 꽃핀 언덕에는
바람 소리만 요란하고
흐르는 물소리는 들리지 않네.

* 2017년 10월 10일. 포항

깊어가는 가을

서서히
물들어 가는 가을
단풍잎이 눈길을 끈다.

창밖에
청운의 낙엽수는
낙엽 따라 가버린 내 청춘

정겨운
해바라기 꽃
저무는 황혼에 추억을 남긴다.

* 2017년 10월 16일. 대전

살아가는데

최소한 둘 이상
사회 가정 그리고
공동체가 있다.

혼자서는 못 살아
땅과 하늘이 있는가 하면
너와 내가 있다.

당신이 없다면
나의 존재는 지금 당장
낙동강 오리알 신세.

손발이 되어준 당신
잔소리가 아니라 조언으로 알고
하루하루가 꿈같이 지나간다.

* 2017년 10월 18일. 포항

둘이어야 해

대전과 포항
여기서도 살고
저기서도 살아간다.

여기도 있고
저기에도 있어야 한다.
그래서 편리하게 살아간다.

입는 옷도
나의 서재도 똑같이
가는 곳마다 설치되어 있다.

오늘은 대전, 내일은 포항
가는 곳마다 컴퓨터가
준비되어 있어 글을 쓴다.

시인은 시제가
떠오르면 즉시 창작하고
이야기를 나누고 시詩를 남긴다.

* 2017년 10월 18일. 포항

머언 길

생각의 끝자락
창작의 시작
창공에 별들처럼 반짝인다.

은하수 다리는
수학여행의 구름다리
기쁨과 즐거움의 연속이다.

침묵 속에
떠오르는 숫한 시제詩題는
한편의 추억으로 낙엽이 된다.

지금은
수평선을 바라보듯
파도만 포말 되어 하늘을 난다.

* 2017년 10월 20일 토. 포항

산수(傘壽)에 하늘을 읽다

— 김영우 시인의 4시집을 감상하며

문학평론가 리 헌 석

(사) 문학사랑협의회 이사장

1.

산수傘壽, 80세를 맞은 설곡 김영우 시인이 연년익수年年益壽하시고, 연부역강年富力强시기를 기원하는 마음으로 선생의 4시집『참 아름다운 사람』의 작품을 감상합니다. 이미 첫 시집『길 따라 물길을 따라』를 감상하고 선생의 평상심과 신앙심, 그리고 사랑의 시심에 공감한 바 있습니다. 둘째 시집『갈맷길을 걸으며』는 희수喜壽, 77세와 금혼金婚, 50년을 기념한 저작이었기 때문에 신앙의 깊이와 세상에 대한 긍정적 시각을 공유한 바 있습니다.

셋째 시집『비바 파파, 치유의 미소』를 읽고 다음과 같이 마음에 새긴 바 있습니다. 〈이 시집은 지고至高한 신앙의 깊이를 지탑紙塔〉으로 세운 것, 〈김영우 시인이 빚은 작품들은 대부분 기적의 발자취〉라는 것, 〈신앙의 신비와 은혜에 감사하는 삶의 족문足紋, foot print〉이라고 찬탄한 바 있습니다. 이 시기에 선생은 척추협착증 치료, 폐암 수술, 뇌출혈 감마나이프 수술 등의 지병으로 고통을 받았으나, 가톨릭 신앙의 은혜로 극복해 나가는 시기였습니다.

김 시인의 4시집 『참 아름다운 사람』은 지병持病이 위중한 상태에서 창작한 작품이어서 더 놀랍습니다. 〈척추, 폐암, 뇌졸중/ 악마와 싸우는 투사는/ 동분서주 바쁘다〉면서 〈어제는 충남대병원/ 오늘은 서울 삼성병원/ 내일은 부산 우치과〉 등의 통원치료로 지치고 고달파 보입니다. 그러나 선생은 〈손 떨리고 눈이 침침해도/ 성령의 힘으로 일어서서/ 오늘도 또한 시를 쓰련다.〉고 의연한 자세를 취합니다. 그리하여 몇 년 전에 이루었던 기적을 다시 한 번 현실화하려는 굳은 의지를 시에 담습니다.

팔십 상노인으로 드는 길에
마비가 전신을 덮는다.
하느님의 심판인지
충대병원 삼성병원
응급실 한 켠에서
생명을 다시 찾았다.

사시나무 떨 듯 오른팔은 쓸모없이 되었다.
펜을 들 수도,
글을 쓸 수도,
단추를 끼울 수도….

몸이 안 되면 정신으로 사는 거지.
내 나이 팔십에
왼손으로 다시 시를 쓰고
어설픈 발자취를 남긴다.

—「생명生命」 전문

어떤 상황에서도 선생은 좌절하지 않습니다. 〈숨이 멈출 때까지/ 건강을 지키려는 신념 하나로/ 오늘도 숲속 길을 세 시간 정도 걸었다.〉(「신념」)면서 〈마지막 여생을 장식할 밝은 등대〉가 되고자 합니다. 위중한 자신을 잊은 채, 백수白壽를 맞은 이기용(일베드도) 민건식(바오로) 두 교우敎友의 〈성스러운 삶을 되새겨보며〉 이들의 삶에서 〈걸어가야 할 좌표〉를 설정하면서 진심으로 축하합니다.

이처럼 성심誠心으로 세상을 살아가는 설곡 선생에게 경천동지驚天動地할 일이 터집니다. 세상에서 가장 슬픈 것이 자녀를 앞세우는 일이라고 합니다. 예수님의 십자가 죽음을 체험하신 마리아와 같은 고통을 김영우 시인이 겪습니다. 마리아의 생애에서 가장 고통스러운 순간은 십자가의 발 앞에 있으면서 예수의 외침을 들을 때로 보입니다. 〈저의 하느님, 저의 하느님, 어찌하여 저를 버리셨습니까?〉 신체적 고통과 정신적 아픔을 외치는 아들 곁에서 비통해 하였을 마리아의 상황이 설곡 선생에게도 닥친 것입니다.

이는 헤량할 수 없는 고통일 터, 우리 속담에 〈부모가 돌아가시면 산에 묻고, 자녀가 죽으면 가슴에 묻는다.〉고 합니다. 선생의 가슴에 묻어야 하는 막내아들 김성민(팰리스)의 소천이 선생을 기함氣陷하게 합니다.

이 세상이
그렇게도 지겨웠는지
미련도 없이 마흔넷 나이에
훌훌 떠난 야속함이여!

불러도 대답 없고
찾아보아도 보이지 않는 너의 모습,
꿈이면 좋으련만.

어디서
엄마하고 부르는 소리
들릴 것만 같은 지금
현실을 외면하는 착각 속에
너의 모습만 맴돈다.

무슨 죄를 그렇게 지었기에
내 가슴에 못을 박고
떠난단 말인가.
이것이 하느님의 뜻이란 말인가.
이 큰 십자가를 지고
어떻게 살란 말인가.
아무리 생각하고
이해한다 해도
마음이 너무 아프다.

자식을 먼저 보낸 부모의 마음
장미꽃 왕관을 쓴 성모님의 마음일까?

—「소천召天」 전문

사랑하는 아들 성민(팰리스)의 영전에서 〈아무리 생각하고/ 이해한다 해도/ 마음이 너무 아프다.〉는 선생은 〈자식을 저 세상으로 먼저 보낸/ 부모의 마음〉으로 〈내 탓이요, 내 탓이요!/ 통탄을 하지만〉 한번 떠난 막내는 돌아오지 않습니다. 이러한 상실이 곧 절대적 상실이며, 이는 인간으로서 회복할 수 없는 성격을 띱니다. 살아남은 사람들은 망자를 위해 기도할 수밖에 없습니다. 그래서 시인은 〈영원한 빛과 영원한 이름을 주신 분께/ 찬미와 감사〉를 드리며 〈한 송이 국화꽃〉을 바칩니다. 〈아들 사진을 쓰다듬는 에미의 심정/ 님을 그리며 가슴을 치는 여인/ 쌀쌀한 봄바람이/ 침묵하는 영전에서〉 자연인이 되고자 합니다.

80세를 맞은 설곡 김영우 선생의 근황은 지병의 악화입니다. 설상가상雪上加霜으로 막내의 소천이 더하여 무너지는 가슴을 신앙심으로 극복해야 합니다. 그런 와중에도 이웃과 문인들을 격려하고 사랑하는, 초인적 자세를 흐트러뜨리지 않는 신앙인입니다.

2.

김영우 시인은 해운대 성당의 해성노인대학에서 발표한 글(「노년기의 자아통합」)에 자신의 내면을 담습니다. 〈인생은 언제라도 지금부터야! 누구에게나 아침은 반드시 찾아온다.〉는 말을 남기고 102세에 타계한 일본 '시바다 도요' 할머니를 예로 들면서 부지런하고 지혜롭게 살아갈 것을 주문합니다. 시바다 도요 할머니는 92세에 시를 쓰기 시작하여 99세에 『약해지지 마』란 시집을 출간한 분입니다. 우리나라에도 번역본이 발간되어 많은 사람들이 읽은 책입니다.

동시에 자신의 체험담을 통하여 연만年滿한 학우들을 격려합니다. 설곡 선생은 59세에 IMF 사태를 맞아 사업을 청산하고, 65세에 '작은형제회'에 입회하여 프란치스칸이 됩니다. 70세에 대전가톨릭 신학대학에 들어가 교리신학을 공부하였고, 71살에 실용문예 창작과에 입학하여 72살에 수필과 시로 등단합니다. 이후 수필집 『아내의 십자수』를 발간하고, 이어서 시집 4권을 발간합니다. 나이와 질병을 극복하고 이룬 삶의 금자탑이라 할 수 있습니다.

그러면서도 때때로 선생은 〈무서움이 먼저 일어나고/ 일어서기가 무섭다./ 걸음걸이가 무겁고 남 보기가 부끄럽다〉고 용기 있게 고백합니다.

정신은 달빛처럼 맑은데
육신은 천근만근 무겁다.

삶의 틀에 싸여, 하고 싶은 것들을
포기하는 오늘이 무겁다.

내가 메는 멍에가 운명이라면
하느님의 뜻으로 믿고 살아가리다.

스스로 무거운 멍에를 지고
먼 길 앞에 서있는 내 모습이 아쉽다.

귀로에 선 한계 앞에서
뿔난 황소는 아직도 힘이 넘치는데.

—「무거운 멍에」 전문

자신이 멘 〈멍에가 운명이라면/ 하느님의 뜻으로 믿고 살아가리다.〉라고 다짐하면서도, 〈먼 길 앞에 서있는 내 모습이 아쉽다.〉고 속내를 보입니다. 이는 십자가 위의 예수님께서 하느님을 향하여 외치신 것과 동질성을 띱니다. 선생은 자신의 위중한 지병보다도 누님과 처형 등 가족에 대한 걱정이 더 큽니다. 〈산소호흡기를 코에 끼고/ 손발이 묶인 채, 침대 신세/ 누님은 눈만 깜박깜박〉하며 목숨만 이어가는 상황입니다. 〈처형은 창가의 침대가 천당 자리라고/ 만족하며 그 날 그 날을 보낸다.〉면서 안타까워합니다.

이분들을 면회하면서 〈누님도 요양원, 처형도 요양병원/ 오늘은 이곳, 내일은 저곳으로/ 마지막 은신처〉가 곧 〈내 처지〉 같아서 삶의 낙조를 실감합니다. 그런 연유로 선생은 자신을 돌보는 아내의 건강을 염려합니다. 또한 자신을 돌보는 사이사이에 십자수로 성모상을 수놓는 아내의 작품 완성을 기다립니다. 이와 같은 스토리는 선생의 수필집 『아내의 십자수』에도 잘 나타나 있습니다. 선생의 아내는 고통과 불안이 깊어질 때, 마음의 평정을 위해 십자수를 놓는 것 같습니다.

안경 너머로
성모님과 눈을 맞추며
한 코 한 땀을 메우는 당신
허리가 굽어질까 걱정입니다.

막내아들을 먼저 보내고
마음 붙일 데가 없어 방황할 때

당신의 마음은 너무나 불안했나 봅니다.

먼 산을 바라보고 멍청하기도 하고
십자가 앞에 앉아
두 손 모아 기도를 올려도
흔들리는 가슴은 달랠 길 없었나 봅니다.

칠십삼 세 노인의 마음에 무엇이 위로가 될까?
캄보디아 앙코르와트
아이들에게 가진 것 나누어 주던 기쁨,
위안을 삼아
묵주기도 9일 기도 바칩니다.

그래도 미련이 남아, 십자수 당신은
노을 진 인생길 남은 여백을
십자수 한 코 한 땀으로 기도합니다.

성모상 십자수가 완성되면
당신은 우리 집의 성모님과 함께
영원히 은총 속에 행복하실 것입니다.

—「십자수 당신」 전문

아내를 걱정하는 시인의 내면이 오롯합니다. 〈막내아들을 먼저 보내고/ 마음 붙일 데가 없어 방황할 때/ 당신의 마음은 너무나 불안했나 봅니다.〉 〈먼 산을 바라보고 멍청하기도 하고/ 십자가 앞에 앉아/ 두 손 모아 기도를 올려도/ 흔들리는 가슴은 달랠 길 없었나 봅니다.〉라고 유추하지만, 이는 자신의 내면이기도 합니다. 선생은 〈연약한 모습 싫어하는 당신의 눈앞에서/ 굳세고 강한 의

지로〉 눈물을 감춘다고 고백하며, 〈자꾸만 약해지는 이 몸/ 병고에 시달리는 남편 뒷바라지에/ 온 정신을 바치는 당신은 하늘의 천사〉라고 고마움을 표합니다.

이런 가운데 생활 속의 활력소로 손자와 손녀가 작용합니다. 50여 년 전에 자신이 입대했던 '논산훈련소'에 자식들이 다녀왔고, 선생의 장손이 입소합니다. 〈머리 빡빡 깎은 입소자들/ 어제와 오늘이 다를 바 없다./ 나라를 지키는 충정〉의 면면함을 느낍니다. 〈그 눈빛에서/ 통일과 번영을 희망하며/ 복무를 잘 마치고/ 건강한 몸으로 돌아오기〉를 기원합니다. 손자와 손녀는 병약해진 선생에게 희망의 선물입니다. 〈하느님의 선물인가/ 조상님의 은혜인가/ 향기로운 꽃 귀여운 손녀/ 지혜롭고 슬기로운 우리들의 아녜스〉 때문에 시인은 고통 속에서도 잠시 행복해 할 수 있습니다.

3.

설곡 김영우 시인은 크고 작은 정서적 충격을 시로 빚습니다. 자신은 물론 가족과 교우들의 일거수일투족一擧手一投足이 모두 시의 제재題材가 됩니다. 그리움과 사랑, 신앙의 신비, 그리고 자연을 소재로 한 글쓰기도 작품으로 거듭납니다. 〈달빛과 마주앉아/ 별들을 헤아리며 글을 쓴다./ 수많은 시인이 저 달을 보고/ 얼마나 마음의 향기를 피웠을까?〉 상념에 젖어보는 것도 시창작의 원천입니다. 때로는 〈사랑을 속삭이며/ 오색 무지개다리를 놓으면/ 추억에 잠 못 이루는 밤/ 오작교를 건너는 꿈〉도 사랑의 시로 태어납니다.

그러면서 〈모아놓은 창작 시 챙겨/ 네 번째 시집을 발간하면서/ 초승달, 나의 일생 돌아보고/ 달빛이 지기 전에 꽃을 피울까?〉 시집 발간의 소망도 작품에 담습니다. 춘하추동 자연의 변화도 작품에 투영되고, 살면서 경험하는 희로애락도 생명을 얻습니다. 신앙에 대한 비의秘意와 신념이 작품에 힘을 싣습니다. 그러나 순수한 서정으로 작품의 문학성을 높이기도 합니다.

바람이 부는 소리에
가을이 온다.

님 기다리는 밤이면
편지를 쓰고

홍시가 세상을 밝히면
시상을 다듬으며

시인은 가을을 맞아
추억을 쌓는다.

—「가을이 오는 소리」 전문

가을은 풍요와 수확의 계절이지만, 감성이 예민한 시인이나 예술가들에게는 조락凋落의 정서를 환기하기도 합니다. 설곡 선생은 찬바람이 불어오는 소리에 가을이 온다고 믿습니다. 특정할 수는 없지만 '님'을 기다리는 밤이면 그리운 편지를 쓰고, 창밖의 감나무에 매달린 홍시가 보이면 시상을 다듬어 시를 빚습니다. 시인은 가을을 맞아 추억어린 작품을 창작합니다.

한편 시인은 까치가 우는 소리로 하루를 시작합니다. 까치소리로 하루가 시작되면 〈상쾌한 공기의 향연/ 각종 꽃이 다투어〉 피어납니다. 시인에게는 〈성모님의/ 기도하는 모습〉을 뵈러 〈새벽 미사 가는 길의/ 발걸음〉이 가볍다고 합니다. 아침을 알리는 까치소리와 동질성을 띠는 대상이 '새벽 닭'입니다. 〈목 놓아 울어대는 / 애잔한 부름/ 새벽 닭 우는 소리에/ 먼동이 튼다.〉고 합니다. 먼동이 트는 것이 중심이고, 닭 울음소리는 부차적 제재지만, 시인은 그 본本과 말末을 거꾸로 표현합니다. 이는 시인의 마음에 어리는 정서적 선택이고 역설적 이미지의 생성生成입니다.

열정으로 살아온 길이었다.
낙엽도 있었고
어둠도 있었으나
송죽처럼 늘 푸르고 싶었다.

불빛이 반짝인다.
창공에는 별빛
지상에는 호롱불
어둠 밝히는 등대 불빛

지등 들고 마중 나가
오시는 길 밝혀 드리리라.
가시는 걸음마다
마음의 비단길로 배웅하리라.

—「불빛 랩소디」 전문

설곡 선생은 자신의 삶을 〈열정으로 살아온 길〉이라고 수용합니다. 낙엽처럼 쓸쓸하고 애잔한 세월도 있었을 터이고, 헤아릴 수 없을 만큼 어둠에 쌓여 있을 때도 있었을 터입니다. 그러나 시인은 고독하고 어둔 세월이 길고 강렬할수록 〈송죽처럼 늘 푸르고 싶었다.〉고 합니다. 어둔 세상의 등대이고자 하였습니다. 때로는 우리의 조상들이 어둠을 밝혔던 지등紙燈을 들고 임이 오시는 길을 밝혀 드리겠다는 각오를 보입니다. 가실 때에도 서운한 마음을 접고, 〈마음의 비단길〉을 깔아 배웅하겠다고 합니다. 이런 다짐은 종교적 신념의 새로운 양상이기도 합니다.

선생은 〈나보다 더 힘 있는 분이/ 나를 끌고 간다면/ 나는 순순히 따라가리라.〉 순종하는 미덕을 시에 담습니다. 〈아무리 고통을 주어도/ 그분의 뜻이라면/ 의지할 곳 있기에/ 낙심〉하지 않겠다고 약속합니다. 〈그 분께 순종하는 삶이/ 나를 지키는 일〉이라는 깨달음에 기인起因합니다. 이처럼 순종하면서 〈아버지 마음이/ 어떤 판단을 하실는지〉 기다리는 자세를 취합니다. 이것이 김영우 시인의 작품에 투영된 신앙의 정체성입니다.

4.

김영우 시인은 베트남의 '무이네' 사막을 여행한 듯합니다. 아무것도 살 수 없을 것 같은 사막에서 선생은 〈고요와 바람/ 그리고 햇살이 사는 곳/ 가장 작고 부드러운 모래알/ 프란치스코의 영성〉이 쌓여 있다고 노래합니다. 황량한 모래 언덕에서 '프란치스코'의 영성을 찾아내는 혜안慧眼이 선생을 시인답게 만듭니다. 그 곳에는 〈세상의 빛과 소금, 오아시스〉가 있습니다. 〈삭막한 광야에서 / 겸손을 노래하고/ 믿음과 사랑으로 안아주는/ 무이네의 사막〉은 프란치스코 성인으로 상징화되어 영원한 생명을 속삭입니다.

즉 가톨릭 신앙은 '모양이나 피부색'을 구분하지 않고 인간의 평등을 가르칩니다. 우리가 사는 곳이나, 밀림이 우거진 열대지방이나, 생명의 귀함을 느끼게 하는 사막에서나, 어느 곳 하나도 하느님의 영토 아닌 곳이 없다는 시각, 그리하여 존재하는 사물 하나하나에 영성을 부여합니다. 이와 같은 시각이 선생의 작품에 담깁니다.

창밖에
비가 내린다.
높고 낮음도 없이
하늘은 비를 내린다.

인간은
편협 때문에
갈등과 욕심이 난무하는데
하늘은 공평하게
골고루 나누어 준다.

해운대
신시가지 빌딩은
하늘 높은 줄 모르고 치솟는데
하늘은 말없이
안개로 답을 준다.

욕심을 뒤덮은 곳에
비가 내려
내 마음도 비에 씻겨
동백꽃 향기가 빗방울처럼
내 가슴에 고인다.

—「비 내리는 해운대」 전문

단순한 작품이지만, 이 시는 우리에게 시사하는 바가 큽니다. 물리적 차원의 높고 낮음을 구분하지 않고 평등하게 비가 내린다는 의미이면서, 상징적으로 읽히는 인간사회의 계급과 차이를 구분하지 않아야 함을 말합니다. 2연에서 〈인간은/ 편협 때문에/ 갈등과 욕심이 난무하는데/ 하늘은 공평하게/ 골고루 나누어 준다.〉는 깨달음이 이를 입증합니다. 가난하고 헐벗은 사람들도 있고, 하늘 높은 줄 모르고 치솟는 해운대 신시가지 빌딩도 있습니다. 그러나 비는 이를 차별하지 않고 고르게 내립니다. 그리하여 비가 내리면 〈동백꽃 향기〉가 빗방울처럼 시인의 마음에 고입니다. 이런 형상화를 통하여 시인은 작품의 단순성을 극복합니다.

설곡 선생의 '비'는 '세례'로 변환되기도 합니다. 〈밤새도록 내리는 비가 성령과 함께/ 동항성당 피정의 집을 세례하고/ 기도와 침묵에 잠긴 프란치스칸에게도/ 무거운 마음을 세례의 비가 씻어줍니다.〉라고 노래합니다. '세례의 비'가 세상의 인고忍苦를 씻어준다는 발상이 신선합니다. 즉 자연의 일부인 '비'가 '세례'의 의미로 수용되어, 우리는 생활 속에서 '신앙의 신비'를 경험하게 됩니다.

산다는 것은
물 흐르는 모래 위에 찍은

발자취다.

바람 부는 대로
비가 오는 대로
산천은 역사를 이어가는 것

흐르는 세월 속에
수많은 풀잎 사이에
한 장의 편지를 남긴다.

—「산다는 것은」 전문

인간의 삶과 자연현상은 서로 다른 개체인 듯하지만, 설곡 선생은 두 개체의 합일合一을 작품에 담습니다. 이는 '다르면서 같은 것' '둘이면서 하나인 것' '자연이면서 사람인 것' '너이면서 나인 것' 등으로 인식의 범주를 넓힐 수 있습니다. 〈산다는 것은/ 물 흐르는 모래 위에 찍은/ 발자취〉에서 은유적 무위사상을 엿보게 하고, 〈바람 부는 대로/ 비가 오는 대로/ 산천은 역사를 이어가는 것〉에서 자연의 무한성을 노래하기도 합니다. 그 과정에서 시인은 〈흐르는 세월 속에/ 수많은 풀잎 사이에/ 한 장의 편지〉를 남기는 존재가 됩니다.

이는 가톨릭 신앙 속에서 살아가고 있지만, 60여 년 동안 몸에 배어 있던, 고유한 풍습과 태생적胎生的 사고思考가 은연중에 작품화한 것으로 보입니다. 설곡 선생의 작품에는 우리 겨레가 오랫동안 신봉하던 유불선儒佛仙의 선농과 가톨릭 신앙이 융합되어 빚어진 작품도 여러 편입니다. 즉 '物'과 '我'가 서로 다른 것이 아니라는 인식, '彼'와 '我'가 교집합의 범주에서 물아일체物我一體를 이룬다는 각성이 작품에 수용되어 있습니다.

산수傘壽 기념으로 발간하는 설곡 김영우 시인의 4시집에 수록된 작품 감상을 마칩니다. 이 작품들에는 선생의 삶의 성찰, 신앙의 신비, 정서의 오롯함이 공감대를 형성하고 있습니다. 이런 감동의 여운이 오래도록 남아 향원익청香遠益淸하기를 기원합니다.

김영우 시집
참 아름다운 사람

발 행 일 | 2017년 11월 20일
지 은 이 | 김영우
발 행 인 | 李憲錫
발 행 처 | 오늘의문학사
출판등록 | 제55호(1993년 6월 23일)
주 소 | 대전광역시 동구 대전로 867번길 52(한밭오피스텔 401호)
전화번호 | (042)624-2980
팩시밀리 | (042)628-2983
홈페이지 | http://www.lito77.co.kr(홈페이지)
전자우편 | hs2980@hanmail.net

공 급 처 | 한국출판협동조합
주문전화 | (070)7119-1752
팩시밀리 | (031)944-8234~6

ISBN 978-89-5669-868-7
값 15,000원

* 이 책은 교보문고에서 E-Book(전자책)으로 제작 · 판매합니다.
* 잘못 제작된 책은 바꾸어 드립니다.